KB267323

보건교사
실무 매뉴얼

알아두면 쓸모 있는 보건수업 & 보건실 운영 꿀팁
보건교사 실무 매뉴얼

초판 1쇄 인쇄 2026년 2월 20일
초판 1쇄 발행 2026년 2월 27일

지은이 유자인
펴낸이 김헌준
편 집 류석균
디자인 전영진
펴낸곳 소금나무
　　　　주소 (07314) 서울시 영등포구 신길로 214, B 101-1호 ㈜시간팩토리
　　　　전화 02-720-9696 팩스 070-7756-2000
　　　　메일 sogeumnamu@naver.com
　　　　출판등록 제2025-000036호(2025.03.11.)

ISBN 979-11-996087-3-3 93370

소금나무는 ㈜시간팩토리의 출판 브랜드입니다.

보건교사 실무 매뉴얼

소금나무

보건교사로서의 나

간호학과 수업과 교직 이수를 함께하던 시절은 참 힘겨웠다. 시험 기간이면 잠을 줄여가며 최선을 다해 공부했고, 그 노력 끝에 대학병원에 입사하게 되었다. 처음부터 보건교사를 꿈꾸고 있었기에 힘든 간호사 생활도 버틸 수 있었다. 목표가 없었더라면 결코 쉽게 견디지 못했을 것이다.

이후 3년간의 임용고시 준비 끝에 드디어 보건교사가 되었다. 처음 학교에 부임했을 때는 공문 하나 작성하는 일도, 작은 상처를 치료하는 일도 모두 막막하고 낯설기만 했다. 그럴 때마다 병원에서 쌓은 경험이 큰 힘이 되었고, 모르는 일은 주저하지 않고 물어보았으며, 새롭게 알게 된 내용은 반드시 기록하고 메모로 남겼다.

그 시기 가장 큰 힘이 되어 준 것은 여섯 명의 동기와 현직에 계신 어머니였다. 언제든 편하게 물어볼 수 있는 사람이 곁에 있다는 사실만으로도 마음이 든든했다. 특히 동기들과는 서로 도와주고 정보를 나누며 함께 성장할 수 있었고, 그 덕분에 빠르게 학교생활과 업무에 적응할 수 있었다.

지금도 매일 아침 함께 일하는 동료들에게 늘 감사한 마음을 갖고 있다.

　시간이 흘러 이제 8년 차가 되는 지금도 새롭게 알게 되는 사실도 많고, 가끔 실수도 한다. 하지만 메모하고 기록하는 습관 덕분에 발전할 수 있었고, 실수를 줄일 수 있었다. 이 작은 기록들이 결국 나의 재료가 되어 일상이 되고, 또 내 삶을 단단히 지탱해 주고 있다.

　나는 보건교사로서 보건교사의 모든 것을 깊이 이해하고 배우고 싶다. 부끄럽지 않은 삶을 위해 계속해서 배우고 기록하며 나누면서 성장하는 사람이 되고 싶다.

2026년 2월 보건실에서 신학기를 준비하며...

유자인

> ※ 이 책에서 소개하는 일부 업무들은 서울시교육청 초등학교 위주이며, 학교급 또는 학교별, 업무분장, 보건교사마다 담당 업무가 다를 수 있습니다.

차례

PART 2 보건실 운영부터 수업까지 실무의 모든 것

CHAPTER 04 보건실 운영 꿀팁 & 노하우 _ 몰라도 돌아가지만 알면 편해요

CHAPTER 05 아이들과의 미묘한 신경전 _ 보건실 상황별 대응 & 멘트

CHAPTER 06 응급인가 아닌가 그 경계에서 _ 119 부르나요?

PART 3 **자주 묻고, 자주 헷갈리는 업무**

이것만 알면
한 해가 덜 무섭다

CHAPTER 01

보건교사의 한 해
_ 업무의 흐름 잡기

매년 챙겨야 하는 연수 한눈에 보기

보건교사는 매년 60시간 이상의 직무연수와 법정의무연수 그리고 의료인 보수교육을 정기적으로 이수해야 한다. 이 중 의료인 보수교육과 법정의무연수는 관련 법령에 따라 매년(또는 3년마다) 반드시 이수해야 하는 필수 연수이다.

대부분의 법정의무연수는 직무연수에 해당하며, 연수별 담당자의 안내에 따라 대면교육 또는 비대면교육(온라인)으로 이수하면 된다.

의료인 보수교육은 '보건교사 의료인 보수교육 운영 안내' 등 교육청 공문에 따라 이수할 수 있다.

많은 연수를 이수해야 하다 보니 이미 이수한 연수와 앞으로 이수해야 할 연수를 모두 기억하기 쉽지 않다. 이럴 때는 구글 스프레드시트에 해

주기별 교육 및 법정의무연수 체크리스트

보수교육			
1	보수교육 8시간	매년	☑
2	필수교육 2시간	면허 신고해	☑

직무교육(3년 주기)			
1	안전 교육	15시간 이상	☐
2	다문화 이해 교육	15시간	☐
3	성희롱·성폭력 고충 상담원	3년 주기(신규 지정 3개월 이내)	☐

직무교육(매년)			
1	장애 인식 개선 교육	연 1회 이상	☐
2	장애인 학대·성범죄 예방 및 신고 의무 교육	연 1시간 이상	☐
3	아동학대 예방 및 신고 의무 교육	연 1시간 이상	☐
4	학교폭력 예방 교육	학기별 1회 이상	☐
5	성희롱·성폭력·성매매·가정폭력 예방 교육	각 연 1회, 각 1시간 이상	☐
6	심폐소생술 등 응급처치에 관한 교육	최소 3시간 이상(실습 2시간 포함)	☐
7	부정 청탁 및 금품 등 수수의 금지에 관한 교육	연 1회 이상	☐
8	긴급 지원 대상자의 신고 의무 관련 교육	연 1회, 1시간 이상	☐
9	공직자 부패 방지 교육	연 1회 이상(연 2시간 이상)	☐
10	선행 교육 및 선행 학습 예방 교육(교원)	규정 없음	☐
11	교육 활동 침해 행위 예방 교육	연 1회 이상	☐
12	정보 공개에 관한 교육	연 1회 이상	☐
13	통일 교육	연 1회 이상(1시간 이상)	☐
14	개인정보 보호 교육	연 1회 이상	☐
15	정보 보안 교육	연 1회 이상	☐
16	학생 도박 예방 교육	연 1회 이상	☐
17	인성 교육(교원)	1시간 이상	☐
18	생명 존중(자살 예방) 교육(교원)	연 4시간	☐
19	학생 인권 교육	연 2시간 이상	☐
20	직장 내 괴롭힘 금지 교육	연 1회 이상	☐
21	공직자 안보 교육	연 1회 이상(1시간 이상)	☐
22	감염병 예방 교육	연 1회 이상(1시간 이상)	☐

그 외 담당자별 연수			
교장, 교감	학교폭력 예방 및 대책 등에 관한 교육	매년 1회 이상	☑

교장, 교감, 행정실장	교육지원청 주관 고위직 별도 성폭력 예방 교육	성희롱·성폭력 각 1시간	☐
지방공무원	적극 행정의 이해	연 1회 이상	☐
학교 관리감독자	관리감독자 정기 안전 보건 교육	연 16시간 이상	☐
학습 지원 담당 교원	학습지원 담당 교원 직무연수	연 1회 15시간	☐

출처: 2025 서울 중등교육 p.265 참고

당 연수 목록을 정리하고, 이수 완료한 연수는 체크박스로 표시해 두면 여러 번 확인할 필요 없이 한눈에 파악할 수 있다.

매달 챙겨야 하는 업무 한눈에 보기

매년 월별로 수행해야 하는 업무들이 있다. 그중에는 학교별로 일정을 정해야 하는 학생 건강검진, 교직원 심폐소생술 연수나 미리 일정이 정해져 공문으로 안내되는 소변검사와 같은 업무도 포함된다.

이럴 때는 확정된 월별 업무를 먼저 구글 스프레드시트에 체크리스트로 정리한 후에 소변검사와 같은 추가 일정을 함께 입력해 두면 놓치거나 겹치는 일이 생기지 않는다.

특히 학사력(달력)을 적극적으로 활용하면 업무를 훨씬 효율적으로 관리할 수 있다.

먼저 체크리스트로 월별 일정을 확인한 후에 그 내용을 학사력에 표시해 두면 한눈에 업무 흐름을 파악할 수 있고, 앞으로의 일정을 미리 준비하기에도 매우 편리하다.

매달 챙겨야 할 업무 체크리스트

할 일			메모
공통	AED 점검		• 패드 유효 기간: 00.00.00 • 배터리 유효 기간: 00.00.00
	보건일지 작성 및 통계 관리		
	감염병 환자 발생 나이스 보고		• 나이스 → [보건] → [감염병환자관리] → [감염병환자등록] 탭 → '등록' 버튼 눌러 입력 후 '저장' → [교육청보고서생성] → '저장' → [감염병보고제출] 탭 → 체크박스 표시 후 '제출' 버튼
3월	인적 사항 생성		• 나이스 → [보건] → [건강기록부관리] → [건강기록부마감] → '인적사항생성'
	학생 긴깅 싱태 실태 조사 및 요보호 학생 선정 관리	계획서	• 내부기안
		가정통신문 발송	• 3월 개학 전 미리 준비
		통계표 수합	
		건강 상담	• 학생 및 학부모
		요보호 명단 작성 및 공유	• 요보호 학생 명단 → 문서 암호 설정
	각종 일정 조율	학생 건강검사	• 1, 4학년 건강검진 및 구강검진 / 2, 3, 5, 6학년 구강검진(의료기관과 미리 구두계약) • 2, 3, 5, 6학년 소변검사(교육청 공문 통해 일정 확인)
		교직원 CPR 연수	• 학사 일정 고려하여 미리 업체와 구두계약 • 복무에 참고할 수 있도록 일정을 학기 초 전체 안내 • 당일 참석 어려운 경우 무료 교육기관 안내
		보건수업 일정	• 수업하는 학년과 일정 협의 • 학부모 공개수업, 동료 장학 일정 고려 • 확정 후 전 학년 안내(보건실 이용에 참고할 수 있도록)
	각종 계획서	학교보건 운영 계획	• 개인의 업무 처리 방식에 따라 항목별로 개별 계획서로 기안할 수도 있고, 모든 내용을 하나의 계획서에 통합하여 작성할 수도 있다.
		학생 건강검사 계획	
		요보호 학생 관리 계획	
		응급환자 관리 계획	
		감염병 예방 관리 계획	
		교직원 결핵검진 계획	

		성희롱·성폭력 ·성매매 예방 교육	
		당뇨 학생 지원 계획	
		학교 흡연 예방 계획	• '금연서비스통합정보시스템(https://nosmk. khepi.or.kr/)'에 학교 흡연 예방 사업 운영 계 획 제출
	가정통신문	감염병 예방	• 수두, 수족구 등 주로 걸리는 감염병 / 등교 중지 기간 • 호흡기 감염병 예방 수칙 / 증상 발생 시 절차 등
		학교안전공제회	• 학교안전공제회 개념 및 학부모 청구 절차 등
	교직원 연수	연수 자료 묶음	• 안전공제 / 응급관리 / 감염병 예방(감염병 대 응 모의훈련 포함) / 결핵 예방 / 흡연 예방
		성성성, 감염병	• 성희롱·성폭력·성매매 연수(각 1시간씩) 및 감염병 예방 연수(1시간) 대면 또는 온라인 연수
		신규임용, 복직자	• 결핵검진 1개월 이내 • 성희롱·성폭력·성매매 연수 2개월 이내
	입학생 예방 접종 확인 사업	가정통신문 발송	• 나이스 → [보건] → [예방접종연계관리] → [연계대상학생관리] → '연계요청학생생성' → '조회' → '승인요청' → 결재 상태가 완결되면 '연계 요청' → [예방접종수신내역관리]에서 '조회' 후 미완료 내역 안내
	정보공시		• 정보공시 담당자 안내에 따라 실시
	약품 가방		• 필요시 또는 담임교사 요청 시 연고, 밴드 등 의약외품으로 구성하여 각 학급 배부
4~5월	보건수업		• 학교 상황에 맞게 실시, 3월 초에 미리 수업하 는 학년과 수업 일정 조율 필요
	2, 3, 5, 6학년 신체발달상황 및 시력검사	계획서	• 내부기안
		안내 및 실시	• 담임교사에게 안내 및 학급별 측정일 수합 후 검사 실시
		가정통신문	• 학생별 키, 몸무게, BMI 결과 기입하여 발송
		나이스 건기부 입력 안내	• 나이스 → [보건] → [건강기록부관리] → [항 목별등록] → 학년반 '조회' 1) 신체발달: [신체발달] 탭 → 키, 몸무게, 검사 일 입력 2) 시력검사: [별도검사] 탭 → 검사명 '시력검사' 선택 → 검사일, 검사기관 입력

기간			
6~7월	보건수업		
	검진 독려	교직원 결핵검진 독려	• 방중 교직원 결핵검진 독려
	가정통신문	방학 중 건강 관리 안내	• 온열질환 및 냉방병, 감염병 예방, 건강검진 등
	EVPN 신청		• 나이스 → [기본메뉴] → [원격업무지원서비스] → 화면 하단 [신규] 버튼
	침구 세탁		
8~9월	보건수업	2학기	• 보건수업 일정 전체 안내(보건실 이용에 참고)
	교직원 연수	교직원 심폐소생술	• 계획 및 품의 / 전체 안내(전산 선생님 협조 구하기) / 결과 보고 기안
	2, 3, 5, 6학년 소변검사	일정 확인 및 계획서	• 일정은 교육청 공문 참고, 계획서 내부기안
		소변검사비 품의	• '학교 건강검진 및 별도 검사 비용'(교육청 공문 참고)
		담임교사 안내 및 가정통신문	• 소변검사 일정은 담임교사에게 메신저로 안내, 가정통신문을 통해 긱 가정에 검사 실시 사전 안내
		사전 준비	• 남녀 구분된 학급별 명단 출력(나이스) / 교실 배치도 / 수업 시간표 / 이동수업 장소 및 시간(구글 스프레드시트로 수합)
		이상자 안내문 배부	
		나이스 건기부 입력 안내	• 나이스 → [보건] → [건강기록부관리] → [항목별등록] → '조회' → [별도검사] 탭 → 검사명 '소변검사' 선택 - 검사일, 검사기관 입력
	전 학년 건강 검진	계획서	• 1, 4학년: 건강검진, 구강검진 / 2, 3, 5, 6학년: 구강검진
		검진비 품의	• '학교 건강검진 및 별도검사 비용'(교육청 공문 참고)
		계약 진행	• 병원에 요청, 행정실과 협의
		가정통신문	• 검진 시간, 휴진일, 전화 예약 여부 등을 확인하여 가정통신문에 반영
		검진 마감	• 검진 종료 시점 시 병원에 마감 요청
		검진 결과서 배부	• 건강검사 결과 통보서 - 학교용 1부, 배부용 1부

		나이스 건기부 입력 안내	• 나이스 → [보건] → [건강기록부관리] → [항목별등록] → '조회' 1) 건강검진: [건강검진] 탭 → 건강검진 → 검진일, 검진기관 입력 2) 구강검진: [건강검진] 탭 → 구강검진 → 검진일, 검진기관 입력
		만족도 조사	• 필요시
10 ~12월	나이스 건기부	입력 안내 및 마감	• 건강검진, 구강검진, 신체발달 등
	실적 제출 및 결과 보고	흡연 예방 사업 실적 제출	• 금연서비스통합정보시스템(https://nosmk.khepi.or.kr/)에 실적 제출
		교직원 성희롱·성폭력· 성매매 교육	• 이수 현황 에듀파인 내부기안 • 예방교육통합관리(https://shp.mogef.go.kr/shp/front/intro.do)에 실적 제출
		교직원 결핵검진	• 검진 완료 현황 에듀파인 내부기안
	정기 보고		• 공문에 따라 시행
	가정통신문	중학교 입학생 예방접종	• 6학년 학생 대상, 공문 참고하여 중학교 입학 배정통지서 배부일에 함께 제공
		겨울방학 건강 관리	• 겨울철 감염병 예방 관리, 한랭질환 예방 등
	잔여 예산 사용		
1~2월	약품 관리	약품 유효 기간	• 유효 기간 임박한 약품 우선적 사용 / 기간이 지난 약품은 규정에 따라 폐기
		약품 가방 수거	• 재정비
	내년도 일정 조율	구두계약	• 교직원 심폐소생술 교육, 학생 건강검진 / 구강검진 등
	보건실 통계 보고	보건실 방문 학생 통계	• 보건일지 '통계' 기능을 활용하여 에듀파인 내부기안
	내년도 교육 과정 작성		• 교육청 공문이나 법·지침 변경 사항 등 확인하여 최신 내용으로 반영
	내년도 예산 편성		
	침구 세탁		

신규 교사의 업무 파악하는 방법

첫째, 업무분장표

업무를 정확히 파악하려면 업무분장표를 먼저 확인해야 한다. 업무분장표는 담당자와 역할, 업무 범위뿐 아니라 학교 전체의 업무 구조를 한눈에 파악하게 해준다. 이를 통해 자신의 업무가 어떤 순서와 흐름 속에 연결되는지 이해할 수 있으며, 협력이나 지원이 필요할 때 연락해야 할 담당자를 빠르게 확인할 수 있다. 따라서 신규 교사에게 가장 기본적인 안내 자료 역할을 한다.

업무분장표는 교무부에 메신저로 요청 또는 에듀파인 문서등록대장에서 '업무' 또는 '나눔'으로 검색하면 확인할 수 있다.

둘째, K-에듀파인 문서등록대장

에듀파인 문서등록대장을 확인하면 전임자가 작년에 기안·접수한 문서와 처리 내용을 통해 학교의 보건 업무가 언제, 어떤 순서로 진행되었는지 한눈에 파악할 수 있다.

이 기간의 문서를 과거부터 차례로 확인하면 연간 업무 흐름과 주요 일정을 자연스럽게 이해할 수 있어 업무 전반을 익히거나 신규 교사가 학교 업무를 파악하는 데 큰 도움이 된다.

- 에듀파인 → [업무관리] → [문서관리] → [문서등록대장] → 등록일자 지정(예, 작년) → [펼치기] → 기안(접수)자에 전임자 이름을 넣어 '조회' → 제일 마지막 페이지로 이동(3월부터 순차적인 업무 순서 확인)

간혹 2019년 이전 문서들을 살펴봐야 할 경우가 있다. 2019년 이전 문서들은 모두 기록관리시스템(RMS)으로 이관되었고, 다음 방법으로 조회 가능하다.

① 업무포털 메인에서 메뉴 상단 [기록관리시스템]으로 접속

② [검색·활용] 탭에서 [검색] 클릭

③ [조건별검색] → [기록물건]이나 [행위자별기록물건]으로 선택 → '생산일자' 지정 후 '검색'(건별은 '예방접종'과 같이 찾으려는 키워드를 입력하여 검색하고, 행위자별은 본인 이름 또는 전임자의 이름을 입력하여 검색)

④ 목록 중 열람가능 O로 되어 있는 문서는 바로 문서 내용과 첨부파일까지 확인할 수 있지만, 열람가능 X로 되어 있는 문서는 열람신청을 해야 한다. 열람가능 X로 되어 있는 문서를 클릭하면 "해당 기록물건에 열람권한이 없습니다. 열람신청 후 기록관 담당자에게 승인요청 바랍니다"라는 메시지가 활성화된다.

⑤ 열람신청은 열람하고자 하는 문서를 체크박스 선택 후 [열람신청] 버튼을 클릭한다. 열람신청서 작성 팝업이 활성화되면 열람요청일자와 열람사유를 입력 후 '저장'하면 열람신청이 된다.

⑥ [검색·활용] 탭에서 [열람]을 클릭하면 열람신청현황을 확인할 수 있다. 기록물 담당자가 승인하면 열람신청번호나 건 제목을 클릭하여 열람 불가였던 문서를 확인할 수 있다.

셋째, 컴퓨터에 저장된 파일과 폴더 파악

보건실 컴퓨터에 저장된 전임자의 파일과 폴더를 꼼꼼히 살펴보면, 이전 담당자가 어떤 업무를 어떻게 진행해 왔는지 흐름을 쉽게 파악할 수 있

다. 연간 계획서, 공문 서식, 보고 자료, 양식 파일 등 업무에 바로 활용할 수 있는 자료가 포함되어 있을 가능성이 높으며, 이를 통해 업무의 전체 흐름을 빠르게 이해할 수 있다.

넷째, 캐비닛 보관 업무 관련 대장

최근에는 업무 기록을 종이로 남기기보다 에듀파인, 업무포털, 각종 앱 등 온라인 시스템으로 관리하는 경우가 많아 해당 프로그램을 직접 확인한다.

업무 파악을 위해 캐비닛에 보관된 각종 업무 관련 대장을 차근차근 살펴보는 것도 큰 도움이 된다. 이 대장에는 자동심장충격기 관리 기록, 교직원 잠복결핵검진 확인서, 학생 건강검진 서류 등 학교보건 업무를 진행하며 작성·보관해야 하는 핵심 문서와 기록이 체계적으로 정리되어 있다.

다섯째, 교육청 보건 업무 지침서

교육청에서는 보건교사를 위해 매년 보건 업무 지침서를 배포한다. 이 지침서는 학교 현장에서 보건교사가 수행해야 하는 다양한 업무의 기본 원칙과 절차, 관련 법령 및 규정, 세부 업무 내용 등을 체계적으로 정리해 놓은 자료다.

예를 들어 서울특별시교육청에서는 「학교보건기본방향」이나 「한눈에 보는 보건업무 길라잡이」와 같은 형태로 안내서를 제공하고 있다. 이 문서에는 연간 보건 계획 수립 방법, 감염병 관리 절차, 건강검사 운영, 보건교육 추진, 학생 건강기록부 관리 등 실무에 필요한 내용이 구체적으로 담겨 있다.

학교별 상황에 따라 일부 세부 사항은 달라질 수 있으나, 교육청 지침서를 기본 틀로 삼아 업무를 계획하고 실행하면 효율적이고 일관성 있는 보건 업무 운영이 가능하다.

여섯째, 천사방(보건교사 커뮤니티)

'천사방'은 전국의 보건교사들이 함께 소통하며 업무에 필요한 다양한 정보와 자료를 공유하는 대표적인 온라인 보건교사 커뮤니티이다. 이곳에서는 학교보건 업무를 수행하면서 겪는 어려움이나 궁금한 점을 서로 나누고, 실제 현장에서 바로 활용할 수 있는 실질적인 팁과 노하우를 얻을 수 있다.

특히 가정통신문, 계획 서식, 보건소식지, 보건 교육 자료 등 학교보건 전반에 걸친 방대한 자료가 주제별로 잘 정리되어 있어 필요한 내용을 빠르게 찾아 참고할 수 있다.

일곱째, 인근 학교 보건교사에게 도움 요청하기

학교보건 업무를 처음 맡게 되면 지침서나 매뉴얼만으로는 이해하기 어려운 부분이 많다. 이럴 때는 인근 학교의 보건교사에게 적극적으로 도움을 요청하는 것이 큰 도움이 된다.

같은 지역 내에서 근무하는 보건교사들은 대체로 비슷한 시기에 동일한 업무를 진행하기 때문에 서로 정보를 주고받으며 업무를 훨씬 효율적으로 수행할 수 있다. 특히 실제 현장에서 업무를 수행해 본 선배 보건교사에게 질문하면 문서에는 명시되지 않은 현장 중심의 실무 노하우나 문제 해결 방법을 들을 수 있다.

보건교사로서 좋은 점과 힘든 점

보건교사로 근무하다 보면 업무의 특성상 힘든 상황에 더 집중하게 되어 정작 보람이나 좋은 점을 느낄 여유가 줄어들기 쉽다. 그러다 보면 자연스럽게 지치고 감정이 소모되는 순간도 많다. 하지만 어려움만큼 좋은 점도 많다는 사실을 떠올리면 보건교사라는 직업에 대한 자부심을 다시금 느낄 수 있고, 학교생활에 활력을 불어넣는 데 큰 힘이 된다.

| 좋은 점

- **전문성 발휘**: 보건·의학 지식을 바탕으로 학생들의 건강을 지키는 전문가 역할을 할 수 있고, 응급상황에서 본인의 판단과 처치가 아이의 안전을 지켜준다는 큰 보람이 있으며, 매뉴얼·지침에 근거해 자율적으로 보건 사업 운영 가능
- **안정적인 근무 환경**: 담임 업무나 교과 수업 시수 부담이 적고, 매년 유사한 업무 수행하여 전보 시에도 빠른 적응 가능
- **방학**: 여름·겨울방학과 공휴일에 주기적인 휴무 가능
- **1인실 사용**: 대부분의 보건실은 단독 공간으로 운영되기 때문에 교사 개인의 공간을 확보할 수 있고, 수업 준비나 행정 업무, 학생 상담 등을 독립적으로 진행할 수 있으며, 다른 교사에 비해 비교적 차분한 근무 환경을 누릴 수 있음
- **교사로서의 사회적 지위**: 보건교사는 공무원이자 교사로서 사회적으로 인정받는 직업
- **육아 시간·모성 보호 시간 등 아이 키우기에 안정적인 환경**: 법적으로 보장된 모성보호 제도(육아 시간, 모성 보호 시간 등)를 활용할 수 있어 아이를 키우는 과정에서 일·가정 양립이 상대적으로 수월
- **정시 퇴근**: 정해진 근무시간 내에 업무를 마치고 비교적 규칙적으로 퇴근할 수 있음
- **지침에 따라 조퇴·지각·병가·공가 등 자유롭게 사용 가능**: 교사로서 정해진 규정에 따라 합리적으로 근태를 관리할 수 있으며, 예기치 못한 개인 사정이 생기더라도 제도적으로 보장된 범위 안에서 유연하게 대처할 수 있음

- 동료 교사와 수평적인 관계 유지
- **저렴하고 질 좋은 급식 제공**: 학생들과 함께 학교 급식을 이용할 수 있어 저렴하고 균형 잡힌 식사를 매일 안정적으로 섭취 가능
- **정년 보장**: 공무원 신분으로 정년이 보장되며, 매달 안정적인 급여를 받을 수 있음
- **공무원 복지 혜택(상여금, 명절 수당, 정근수당, 복지포인트 등)**: 다양한 공무원 복지 제도가 적용되어 실질적인 경제적 혜택을 받을 수 있음
- **교육적 보람** : 주요 대상이 학생으로 교육적 보람을 느낄 수 있음

| 힘든 점

- **돌발 상황**: 학생의 갑작스러운 사고, 응급처치 상황 등 긴급하게 대처해야 하는 일이 많고, 이러한 상황은 예고 없이 발생하기 때문에 근무시간 내내 긴장감을 유지해야 하며, 순간적인 판단과 행동이 요구되어 정신적으로 큰 부담이 됨
- **업무 범위가 광범위하고 모호함**: 보건실 운영뿐만 아니라 보건수업, 예방접종 관리, 감염병 대응, 각종 보건 관련 사업 등 다양한 업무를 수행해야 하므로 업무 부담이 크고, 보건교사의 전문 영역과 일반 교사·행정실 업무 경계가 명확하지 않아 혼선이 발생할 수 있음(예를 들어 안전사고, 공기질, 미세먼지, 식중독 대응 등에서 '누가 주 업무 담당자인가?'가 불분명해 책임 공방이 발생하기도 함)
- **행정 업무 과중**: 보건 관련 공문 처리, 통계 작성, 각종 조사·보고까지 모두 혼자 감당해야 함
- **단독 보직의 고립감**: 대부분의 학교에서 보건교사는 1명이므로 동 학년이나 교과 협의처럼 같은 업무를 공유할 동료가 없음
- **업무 이해 부족**: 교직원들이 보건교사의 전문성을 단순히 '보건실에서 학생 돌봐주는 사람'으로만 생각하는 경우가 있어 전문성을 인정받지 못하는 느낌을 받기도 함
- **학부모 민원** : 응급상황 시 조치나 감염병 의심 증상에 대한 처리 방식 등을 두고 학부모와 갈등이 생기는 경우가 있으며, 특히 학교 안전사고나 감염병 대응처럼 민감한 사안에서는 보건교사에게 책임이 집중되면서 부담이 더욱 커지기도 함
- **감정노동**: 아픈 학생을 돌보는 과정에서 학생들의 심리적·정서적 문제까지 함께 맞닥뜨리며 감정이 소진되는 경우가 많음

CHAPTER 02

월별로 챙겨야 할 업무
_ 매달 찾아오는 업무 복습 시간

매달 공통 업무

자동심장충격기(AED) 점검

AED 점검은 '응급의료정보제공' 앱을 통해 편리하게 관리할 수 있다. 이 앱에서는 내 주변의 응급실, 병의원, 약국, AED 위치를 확인할 수 있으며, 비상진료 의료기관·약국 정보도 조회할 수 있다.

'응급의료정보제공' 앱을 통한 AED 점검 방법은 다음과 같다.

① 앱 좌측 상단의 가로줄(메뉴)을 누른 후에 아래쪽에 있는 '업무포털(의료인): AED관리,구급차' 메뉴로 접속한다.

② '관리번호 또는 장비연번'과 '비밀번호'를 입력하면 [장비정보], [점검이력] 등을 조회할 수 있다.

③ AED 점검등록은 [장비정보] 탭 하단에 '장비점검등록' 또는 [점검이
력] 탭의 '점검일지 등록' 메뉴에서 진행한다.

④ 관리번호나 비밀번호를 잊은 경우에는 관할 보건소 AED 담당자에
게 문의하면 된다.

⑤ 전보로 인해 관리 책임자가 변경된 경우에도 반드시 보건소에 변
경 사실을 알려야 한다. 관할 보건소는 앱의 [장비정보] 화면에 표
시된다.

패드와 배터리의 유효 기간이 도래하면 공문이 오고, 보건소에서 직접
교체해 준다.

보건소 지원이 아닌 학교 자체에서 AED를 설치하여 패드와 배터리도
학교에서 자체 구비하는 경우에는 교체 시기에 맞춰 AED 부품 교체에 필
요한 예산을 미리 편성해 두어야 한다.

보건일지 작성 및 통계 관리

간호사가 간호기록을 남기듯, 보건교사는 학교 보건실 방문자의 상태
와 치료·처치 내용을 보건일지로 기록한다. 이 기록은 학생들의 건강 문
제를 파악하고, 다음 연도 학교보건 운영 계획 및 예산을 수립하는 중요한
근거가 된다.

보건일지는 보통 전산 프로그램을 활용하여 작성하며, 기록이 간편하
고 통계 산출이 용이하다는 장점이 있다. 프로그램 종류는 다양하므로 본
인의 업무 스타일에 맞는 것을 선택해 사용하면 되며, 무료 버전과 유료
버전이 모두 존재한다.

대표적인 보건일지 프로그램으로는 규태맘·규태아빠(보건교사회), 천사일지(천사방), 스마일보건(비교적 신생 프로그램), 스쿨닥터(유료) 등이 있다.

감염병 환자 발생 나이스(NEIS) 보고

학교는 감염병 발생 시 인지 즉시 나이스를 통해 교육지원청에 보고해야 한다.

보고해야 할 내용은 감염병환자등록 및 교육청보고와 완치 후 수정보고제출이다.

- 「감염병예방법」 제12조 및 「감염병예방법 시행규칙」 제8조에 따라 결핵·홍역·콜레라·장티푸스·파라티푸스·세균성이질·장출혈성대장균감염증·A형간염은 보건소에도 즉시 신고해야 함
- 유행의심의 기준은 최대 잠복기 이내에 동일 학급에서 의심 또는 확진환자 2명 이상 발생한 경우
- 감염병환자등록: 나이스 → [보건] → [감염병환자관리] → [감염병환자등록] → '등록' → 감염병환자등록 팝업창 활성화(발생인지일, 병명, 발견경위 등 입력) → '저장' → '교육청보고서생성'
- 보건소신고일 입력은 [감염병환자등록] → 감염병환자목록 교육청보고여부 우측에 위치(환자 등록 후 날짜 입력 칸이 활성화되며, 보건소 신고일 입력 후 '저장')
- 교육청보고서 제출: [감염병보고제출] → '조회' → 체크박스 선택 후 '제출', 제출 전 결재 여부(승인요청)는 학교에서 결정
- 완치 보고: [감염병환자조회및수정보고제출] → '조회' → 해당 학생 더블클릭 → 치료현황(완치) 선택, 완치일자 입력 후 '저장' → 체크박

스 선택 후 '보고서생성' → '저장' → [감염병보고제출] → '조회' → 체크박스 선택 후 '제출'

- 잘못 보고한 경우: 치료현황에서 '보고오류(삭제대상)' 선택 후 '저장'

연중 보건 업무를 세팅하는 3월

나이스 건강기록부 인적 사항 생성

학기 초 또는 전학생 반영을 위하여 사항을 생성해야 한다.

- 나이스 → [보건] → [건강기록부관리] → [건강기록부마감] → [인적 사항생성]

학생 건강 상태 실태 조사 및 요보호 학생 선정 관리

학생 건강 상태 실태 조사

구분	추진 절차	세부 내용
요보호 학생 파악	건강 실태 조사	• 3월 학년 초, 전교생, '건강조사설문지' 가정통신 (학교보건 기본 방향(학교보건분야) 참고 서식 활용) • 보호자의 응급 관리 동의, 연락처, 필요시 원하는 이송 병원 등 파악 (보호자 날인 확인) • '건강조사설문지'는 담임교사가 학생 상담자료로 활용, 5년 후 폐기
	건강 이상 학생 명단 작성	• 담임교사: '학급별 건강이상 학생 명단' 작성 후 보건실로 제출 • 보건교사: '학급별 건강이상 학생 명단' 검토 후 건강 상담이 필요한 학생 선별
	건강 이상 학생 상담	• 건강 상담 대상자 선별 후 학생 개별 상담, 학부모 전화 상담 등

	요보호 학생 선정	• 지속적인 추후 관리와 건강 상담이 필요한 학생을 요보호자로 선정하여 관리 • 요보호 학생 건강상담록 작성: 병력, 현재 건강 문제, 진료병원, 응급 시 연락처, 투약에 관한 내용, 학교 중점 관리 사항, 특이 사항 등 기록 • 내부 결재받은 후 교직원 연수 실시
요보호 학생에 대한 교직원 연수 실시	교직원 연수	• 전체 교직원에게 요보호 학생 명단을 배부하고 학생의 건강 상태 및 지도 시 주의 사항, 관찰 사항 등을 연수하여 학교 교육 활동에 참고하도록 함 • 외부 노출되지 않도록 개인정보 보호 관리 철저 안내 (요보호 학생 명단은 보안 사항이므로 문서 암호 설정)
요보호 학생 관리	정기, 비정기 건강 상담 및 상담록 관리	• 정기 및 필요시 건강 상담 시행과 건강상담록 기재 (보건일지 전산프로그램 활용하여 '요보호 학생' 체크와 상담일지 등 작성) • 필요시 학생과 학부모에게 건강 정보 제공, 병원 진료에 대한 지도 및 조언

학생 건강 상태 실태 조사 및 요보호 학생 선정 관리는 특히 3월 학기 초 가장 중요한 업무이다. 대부분 등교 첫날 교무실에서 다양한 가정통신문과 안내문이 배부되므로 사전에 관련 가정통신문을 미리 준비해 함께 제공한다.

전체 업무 흐름은 다음과 같다.

① **계획서 작성**: 작년 가정통신문, 교육청 지침서 등을 참고하여 계획서를 작성한다.

② **가정통신문 제작 및 발송**: 지침서를 기반으로 하되, 학교 상황에 맞는 추가 정보를 반영해 제작한다. 가정통신문 작성 시 포함하면 좋은 항목은 다음과 같다.

• 건강 상태 조사(치료 중인 질병 / 천식, 비염, 아토피, 식품 등 알레르기 질

환 / 응급약품 소지 여부 등)

- 건강 행태 조사(식습관, 건강생활 습관 등)
- (1학년) 취학 전 예방접종 확인 및 접종 안내
- 응급환자 관리 절차 안내 및 동의서
- 개인정보 수집·이용 및 제3자 제공 동의(건강 정보 조사 및 건강검사 관련)

③ **학급별 건강 이상 학생 명단 수합**: 담임교사는 가정통신문 배부 후 '학급별 건강 이상 학생 명단'을 작성하여 보건실로 제출한다. 해당 명단에는 다음 내용을 포함하며, 담임교사가 작성하고 보건교사가 확인하는 과정을 통해 서로 정보를 교차 확인할 수 있다.

- 학급 인원
- 건강 이상 학생 수
- 장기 결석생
- 건강 이상 내용 및 주의 사항 등

④ **건강 상담 진행**: 통계표 수합 후 건강상의 주의가 필요한 학생은 학부모와 유선 등을 통해 건강 상담을 진행한다.

⑤ **요보호 학생 명단 작성 및 내부기안**: 상담 및 조사 결과를 바탕으로 요보호 학생 명단을 작성한다. 건강조사 결과를 바탕으로 선정된 요보호 학생 명단은 질병별(호흡기계, 내분비계 등)로 구분한 후 학급별(1-1, 1-2 등)로 정리하여 제공하면, 담임교사들이 본인 학급의 요보호 학생을 한눈에 파악하기가 훨씬 수월하다.

이 과정은 다소 번거롭고 시간이 걸리는 작업일 수 있지만, 학급 단위로 명단을 제공하면 담임교사 입장에서는 실질적으로 도움이 된다는 점에서 긍정적인 반응이 많다. 실제로 학급별 명단을 전달했을 때 "확인하기 편하다", "관리하기 좋다"라는 등 감사의 회신을 자주 받았다.

내부기안 시에는 개인정보 보호를 위해 문서 암호를 반드시 설정하고, 외부로 보이지 않도록 관리에 유의해야 한다. 한글파일 자체에 암호를 걸거나 내부 결재 시 비공개(목록 공개) / 6호 / 직원 열람 제한(영구) / 열람 시 암호 확인 등을 설정하여 개인정보 보호를 철저히 한다.

요보호 학생 명단 관리 예시

	학년 반	이름	병명	현재 건강 상태	주의 사항
1			알레르기비염 아토피피부염	새 옷이나 빨지 않은 오염된 의류로 인해 세균성 피부염 이력 있음	다문화 체험 등 의복 체험 이 있는 경우 주의 필요
2			알레르기비염 아토피비부염	-	-
3			식품 알레르기	우유(증상: 복통, 입가 붉은 반점), 유당불내증 진단 받음	현재는 증상 거의 없으나 우유 많이 섭취 시 복통 호소
4			아토피피부염	-	-
5	5-4		알레르기비염	환절기 비염 악화(코막힘, 콧물, 코피), 코피 자주 발생(코피 양 많음)	비출혈 시 보건실로 보내기
6			유연성 평발	유연성 평발로 운동 능력이 좋지 못함	유연성 편평족: 체중 부하 시 족저부 편평해짐
7			식품 알레르기	달걀(증상: 발진)	-
8			알레르기 비염	꽃가루, 환절기 콧물, 코막힘, 비염 증상	-
9			알레르기 비염	-	-
10			식품 알레르기	호두(증상: 호두가루가 입에 묻으면 붉게 부풀어 오름)	-

각종 일정 조율

❶ 학생 건강검진

학생 건강검진과 구강검진은 학기 시작 전인 1~2월 또는 3월 초에 미리 검진기관과 협의하여 우리 학교 학생 검진 날짜를 먼저 선점하고, 구두 계약을 확정한다.

대부분의 학교는 여름방학을 중심으로 검진을 진행하기 때문에 미리 조율하지 않으면 원하는 날짜를 확보하기 어렵다. 학생 건강검진은 여름방학 동안에 하기도 하고, 학기 중에 하기도 한다. 또한 학생들이 직접 병원을 방문하여 검진하기도 하고, 출장 검진으로 진행할 수도 있다.

이처럼 학생 건강검진 운영 방식은 학교별 상황에 따라 달라질 수 있으므로 학생 수, 학사 일정, 교실 환경 등을 고려하여 결정하면 된다.

❷ 교직원 심폐소생술 연수

교직원 심폐소생술 교육은 연초에 학사 일정을 확인한 후에 학교 주요 행사가 없고 수업 시간이 가장 짧은 수요일로 미리 일정을 확정한다. 특히 수요일은 여러 학교에서 선호하는 날인 만큼 일정이 매우 빠르게 마감되므로 가능한 한 초반에 선점해 두어야 한다.

또한 교육 장소 섭외도 중요한데, 방과후 수업이나 학년·학급 행사와 시간이 겹치는 경우가 있다. 따라서 학기 초부터 '해당 교실을 이 날짜와 시간에 사용할 예정'이라는 것을 사전에 안내하는 것이 필요하다.

연수 날짜·시간, 사용 교실을 빠르게 전체 교직원에게 공지해 두면, 교직원들은 복무 계획을 세우거나 교실 사용 일정을 잡을 때 이를 참고할 수 있어 불필요한 일정 충돌을 줄이고 원활하게 연수를 운영할 수 있다.

각종 계획서 작성

한 해 동안 학교 보건실에서 수행해야 할 다양한 보건 관련 계획서를 작성하여 내부기안을 한다. 이 계획서들은 학기 초에 작성되어 한 해 동안의 보건 활동을 체계적으로 관리하고, 관련 사업과 일정이 원활하게 진행될 수 있도록 하는 기반이 된다.

작성해야 하는 계획서에는 보건 운영 계획(보건실 운영, 보건수업 등), 요보호 학생 관리 계획, 응급환자 관리 계획, 학교 감염병 예방 관리 계획, 교직원 결핵검진 계획, 교직원 성희롱·성폭력·성매매 예방 연수 계획, 당뇨 학생 지원 계획, 학생 건강검사 계획 등이 있다.

보건운영계획서를 큰 틀로 삼아 여러 계획을 한 번에 통합해 작성할 수도 있고, 계획서별로 구분하여 각각 작성할 수도 있다. 각 사업의 시행 시기가 정해져 있는 경우, 예를 들어 4~5월에 실시하는 신체발달상황 및 시력검사 측정이나 방학 중 실시하는 학생 건강검진과 같은 계획은 사업 시행 전에 별도로 기안할 수 있다.

가정통신문

학기 초에는 학부모님들이 자주 문의하는 감염병 관련 정보와 학교안전공제 청구 절차를 미리 안내한다.

❶ 감염병 안내

학생들이 주로 이환되는 감염병은 수두, 수족구, 백일해 등이며, 안내 내용은 다음과 같이 구성한다.

- 감염병 개념, 증상, 치료: 각 감염병의 정의와 특징, 일반적인 증상,

치료 방법 안내

- 감염병 지침에 따른 등교 중지 기간(수두 등교 중지 기간 → 모든 수포에 가피가 형성될 때까지 등교 중지 등)
- 증상 발생 시 절차(발열 등 감염병 의심 증상이 있는 경우 등)
  - 등교하지 않고 의료기관 진료 및 검사
  - 마스크 착용, 기침 예절, 손 씻기 등 방역 수칙 준수
  - 등교 중지가 필요한 감염병(법정감염병)으로 확진되면 격리 기간 동안 등교 중지
  - 완치 후 등교 시 출석 인정을 위한 출결 증빙서류 제출(진단서, 소견서, 진료확인서 중 1개)
  - 감염병 예방 수칙(올바른 손 씻기, 기침 예절 등)

❷ 학교 안전 공제 안내

학기 중에는 학교 안전사고 후 치료비 보상(안전 공제 신청)과 관련한 문의가 많으므로 학기 초 가정통신문을 통해 학부모에게 사전에 전체 안내한다.

또한 담임(임장)교사용 매뉴얼과 학부모용 매뉴얼을 별도로 작성해 두면 요청이 있을 때마다 신속하게 제공할 수 있다.

- 개념: 학교 안전 공제의 목적과 보장 범위, 주요 사고 유형 등
- 사고 발생 시 보상 절차 안내
  - 학교: 학교 안전사고 발생 → 사고통지서 작성 및 통보 → 공제회 접수
  - 학부모: 청구서 작성 및 서류 제출 → 공제회 접수 및 심사 → 지급 여부 및 지급액 결정 → 결정 내용 통보

교직원 연수

학기 초 전체 교직원에게 안내해야 하는 연수들이 있다.

❶ 교직원 연수

1년 내내 자주 문의가 오는 내용(안전 공제, 감염병 예방), 전 교직원이 반드시 알아야 할 내용(학교 응급 관리), 1년에 한 번 이상은 안내해야 하는 내용(결핵 예방, 흡연 예방)은 여기저기서 찾지 않고 한곳에 모아 참고할 수 있도록 자료집으로 묶어 한꺼번에 제공하면 반복적인 문의를 줄일 수 있다.

- 안전공제회 처리 절차: 접속 링크, 학교 아이디 & 비번, 사고통지 방법, Q&A 등
- 학교응급관리체계: 응급환자 발생 시 교직원 행동강령, 담당자별 세부 업무, 보건교사 부재(수업, 출장 등) 시 대응 방안, 교내 AED 위치, 학교 인근 의료기관 정보, 교직원 응급처치 교육, 보건실 약품 관리(타인 전달 불가 등), 아나필락시스 등 상황별 대처 방법
- 감염병 예방 및 관리: 감염병대응체계조직도, 법정감염병 종류(출석 인정 가능한 감염병), 학생들이 주로 걸리는 감염병 및 등교 중지 기간, 법정감염병 확인하는 방법, 의심 증상 발생 시 보건교사에게 통보, 감염병 대응 모의훈련 등
- 결핵 예방 및 흡연 예방
  - 결핵 예방 : 결핵에 대한 전반적인 내용, 매년 필수 검진, 잠복결핵과의 차이 등
  - 흡연 예방 : 국민건강증진법에 따른 학교 및 학교 주변 금연 구역, 간접 흡연, 흡연의 폐해 등

❷ **매년 필수 이수 및 연말 결과 보고가 필요한 연수**

- 성희롱·성폭력·성매매 연수(학교 상황에 맞게 온라인 또는 대면 연수로 진행): 성희롱·성매매·성폭력 예방 교육을 각각 연 1회 1시간 이상 이수 → 2월 말까지 [예방교육통합관리시스템]에 실적 제출

- 감염병 예방 연수(학교 상황에 맞게 온라인 또는 대면 연수로 진행):「감염병의 예방 및 관리에 관한 법률」에 따라 법정의무교육으로 지정되면서 매년 1시간 이상 감염병 교육 의무적으로 이수 → 학기 말 질병관리청(교육지원청 공문)에 이수 결과 제출

- 교직원 심폐소생술 연수(대면 연수): 실습 2시간 포함하여 최소 3시간 이상 이수 → 2018년 이후 학교 자체 계획에 따라 실시하여 교육 이수자 명단을 별도로 기록·보관하는 경우 나이스 시스템 등재 불필요, 이에 대부분의 학교에서는 교직원 심폐소생술 연수 결과를 내부기안으로 관리

❸ **신규 임용자 및 복직자**

- 결핵검진:「결핵예방법」에 따라 신규임용자와 복직자는 1개월 이내 검진 실시

- 성희롱·성폭력·성매매 연수: 폭력 예방 교육 지침에 따라 신규 임용자는 임용일로부터 2개월 이내 교육 이수

초등학교 입학생(1학년) 예방접종 확인 사업

3~5월 사이에는 초·중학교 입학생을 대상으로 예방접종 확인 사업이 진행된다.

이 사업은 교육부와 질병관리청이 나이스와 예방접종통합관리시스템

을 연계하여 필수 예방접종이 제대로 완료되었는지 확인하고, 미접종 학생에게 접종을 독려하는 것이 목적이다.

운영 절차는 다음과 같다.

① 나이스 → 보건 → [예방접종연계관리] → [연계대상학생관리] → [연계요청학생생성] → [승인요청]
② 결재 상태가 완결되면 [연계요청]하여 질병관리청으로 대상자 정보 전송
③ 질병관리청에서 해당 학생 예방접종 이력을 확인 후 학교로 정보 전송
④ [예방접종수신내역관리] → '미완료 예방접종현황 조회'에서 학생별 미완료 접종 현황 확인
⑤ 미접종 학생에게 가정통신문을 통해 접종 안내
⑥ 예방접종 확인사업 운영기간 내 [예방접종수신내역관리] → '건강기록부반영' (연계 시스템 운영 종료 후에는 접종 내역 확인 및 건강기록부 반영 불가)

가정통신문은 교육청 지침서의 기본 서식을 활용하면 편리하고, 학교 실정에 따라 필요한 내용을 추가·보완하여 사용할 수 있다. 또한 학생별 가정통신문 제작 시 메일머지 기능을 활용하면 학생의 반·번호·이름·접종 차수 등 개별 정보를 자동으로 불러와 여러 명의 안내문을 한 번에 출력할 수 있어 업무 효율이 높아진다.

(※ CHAPTER 04 '보건실 운영 꿀팁 & 노하우 - 메일머지' 참고)

정보공시

정보공시는 2008년 도입된 초·중등학교 정보공시제에 따라 학생 현황, 시설, 급식, 학업성취도 등 학교의 주요 정보를 투명하게 공개하는 제도로, 학교는 매년 1회 이상 공시하도록 규정되어 있다.

정보공시 담당자가 항목별 담당자와 작성 방법을 안내해 주면 해당 내용에 따라 '나이스 → [정보공시] 탭에서 입력·작성하면 된다.

보건교사는 일반적으로 '보건관리 현황'을 담당하며, 학교 업무분장에 따라 환경 위생 관리 현황까지 작성하는 경우도 있다.

학교알리미 홈페이지(www.schoolinfo.go.kr/si/po/pnsipo_a01_s0.do)에서 전국 학교의 최근 3년간 정보공시를 한눈에 비교·확인할 수 있다.

약품 가방 배부

연고와 밴드, 버물리 등으로 간단히 구성한 '학급용 응급키트'를 각 학급에 비치해 두면, 모기 물림이나 밴드만으로 처치가 가능한 경미한 상처는 교실에서 바로 대응할 수 있다. 이 경우 사소한 사유로 보건실까지 이동하지 않아도 되어 학급용 응급키트를 선호하는 담임교사도 많다.

학급용 키트 구성 시에는 의약품이 아닌 '의약외품'으로만 준비하는 것이 안전하다. 의약외품에는 마데카솔 연고, 써버쿨 등이 있다.

학생 신체발달상황과 보건수업으로 채우는 4~5월

보건수업

대부분의 보건교사는 1학기 동안 보건실 운영과 동시에 보건수업, 각종 공문에 따른 사업까지 병행하면서 연중 가장 바쁜 시기를 보내게 된다.

보건수업은 학교급별 1개 학년 대상으로 관련 교과 및 창의적 체험활동과 연계하여 연간 16차시 이상 운영한다. (연간 17차시 → 연간 16차시로 변경, 2026학년도 범교과 학습 주제 편성·운영 안내 공문) 이때 수업 시간 기준은 학교급별 수업 시간에 따라 달라지며, 초등은 40분, 중등은 45분, 고등은 50분을 1차시로 한다. 다만 실제 현장에서는 학사 일정, 인력 배치, 학교장의 운영 방침 등에 따라 보건수업 편성 차시가 학교마다 크게 다를 수 있다. 2022 개정 보건 교육과정(중등·고등)은 에듀넷에서 확인할 수 있다.

초등의 경우 서울시교육청에서 발간한 '보건업무 길라잡이'의 보건 교육 파트에서 관련 자료를 참고할 수 있다. 해당 자료는 중·고등학교 보건과 교육과정의 구조를 바탕으로 초등 수업에서 적용할 수 있도록 연구안 형태로 제시되어 있다.

보건 교육의 내용은 보건 교과서를 중심으로 구성할 수도 있고, 내용을 유연하게 재구성하여 운영할 수도 있다.

2, 3, 5, 6학년 신체발달상황 및 시력검사

「학교보건법」 및 건강검사 규칙에 따라 신체발달상황(키·몸무게)과 시력검사를 실시한다. 학교 상황에 따라 외부 인력을 채용하여 검사하기도 하지만, 대부분의 학교에서는 보건교사와 담임교사가 협력하여 진행한다.

검사 방법은 학교 여건과 상황에 따라 다양하게 운영될 수 있다. 예를 들어 보건교육실이나 강당에 키·몸무게 측정기와 시력표를 설치하고, 담임교사 인솔하에 학급별 정해진 시간에 해당 장소로 이동하여 측정할 수 있다. 또는 키·몸무게는 보건실에 설치된 측정기를 이용해 측정하고, 시력검사는 교실에서 측정 도구(시력표, 눈가리개, 지시봉 등)를 가지고 측정할 수도 있다.

어떤 방식이든 각 학급의 측정 가능 시간을 정확히 파악하고 조정하는 것이 중요하다. 이를 위해 구글 스프레드시트를 활용하여 측정 가능 시간을 실시간으로 수합하면 편리하다.

검사 후에는 측정 결과(키, 몸무게, 비만도, 시력)를 가정통신문에 직접 입력해 제공할 수도 있으나, 메일머지 기능을 활용해 한 번에 입력·출력하면 보다 편리하다.

마지막으로 담임교사에게 반별 결과표는 학년별로 취합하여 보건실로 제출하도록 하고, 측정 결과는 나이스 건강기록부에 입력할 수 있도록 안내한다.

- 나이스 경로: [보건] → [건강기록부관리] → [항목별등록] → 학년반 '조회'

  - 신체발달: [신체발달] 탭 → 키, 몸무게, 검사일 입력(비만도는 키·몸무게 입력 후 '저장'하면 자동 산출)

  - 시력검사: [별도검사] 탭 → 검사명 '시력검사' 선택 → 검사일, 검사 기관 입력

(※ CHAPTER 04 '보건실 운영 꿀팁 & 노하우 _ 각종 현황 관리, 메일머지' 참고)

보건수업과 여름방학 준비를 하는 6~7월

보건수업

(※ 36~37페이지 '학생 신체발달상황과 보건수업으로 채우는 4~5월' 참고)

방학 전 교직원 건강검진(결핵검진) 독려

방학 전에는 교직원 건강검진, 특히 결핵검진을 적극적으로 독려하는 것이 중요하다. 학기 중에는 수업, 회의, 연수 등으로 인해 시간을 내기 어렵지만, 방학 기간에는 개인 일정에 맞춰 편하게 검진을 받을 수 있다. 따라서 방학 시작 전, 교직원들에게 검진 방법, 제출 기한 등을 다시 한번 안내하여 방학 중에 검진할 수 있도록 독려한다.

여름방학 건강 관리 안내 가정통신문

여름방학을 앞두고는 학생들이 가정에서도 건강한 생활 습관을 유지할 수 있도록 '여름방학 건강 관리 안내 가정통신문'을 발송한다.

우선 방학 동안 학생 스스로 자신의 건강 상태를 점검할 수 있도록 안내한다. 학기 중 보건실에 자주 방문했던 학생이나 잦은 복통·두통 등으로 건강 관리가 필요했던 학생의 경우에는 방학 기간을 활용해 병원 진료나 건강 상담을 받아보도록 권장한다. 충치나 시력 저하 등 학기 중 미뤄뒀던 치료도 방학 중 마무리할 수 있도록 독려한다.

또한 필요한 예방접종은 방학 기간 중 완료할 수 있도록 예방접종 관리에 대한 안내를 포함하고, 여름철 주요 유행 감염병의 예방법과 온열질환(열사병, 일사병 등) 예방, 냉방병 관리에 관한 내용도 함께 제공한다.

방학 중 학생 건강검진을 실시하는 경우에는 검진 일정·방법·유의사항을 사전에 안내하여 학생이 정해진 기한 내에 검진을 완료할 수 있도록 한다.

방학 전 EVPN 신청

EVPN(원격업무지원시스템)은 방학 중에도 학교에 직접 출근하지 않고 집에서 업무를 처리할 수 있도록 도와주는 원격업무 서비스 시스템이다. 문서 결재, 공문 확인, 자료 작성 등 대부분의 행정 업무를 원격으로 수행할 수 있어 매우 편리하다.

이 시스템은 교내 PC용 업무포털에서 사전에 EVPN을 신청해 결재를 받아 두어야 원격지에서 EVPN용 업무포털에 접속할 수 있다. EVPN은 한 번 신청하면 최대 6개월까지 사용이 가능하므로 방학이 시작되기 전에 EVPN 사용 기간을 확인해 둔다.

EVPN 신청은 나이스 → [기본 메뉴] → [원격업무지원서비스] → 원격업무지원서비스(EVPN)에서 하단에 있는 [신규] 버튼으로 신청한다.

EVPN은 결재 후 원격지에서 EVPN용 링크로 접속해야 업무시스템 이용이 가능하다. 예를 들어 서울의 경우 https://evpn.sen.go.kr로 접속한다.

보건실 침구 세탁

보건실에서 사용하는 침구(이불, 베개 등)는 학생들이 사용하는 공간의 위생을 유지하기 위해 정기적으로 세탁이 필요하다. 일반적으로 학기 중에는 세탁이 어렵기 때문에 방학식 전을 기준으로 미리 계획을 세우고 품의 절차를 진행한다.

방학이 다가오기 전에 세탁 품의를 미리 올려 결재를 받아두고, 학교 인근 세탁소에 연락하여 수거 요청을 한다. 대부분의 세탁소는 직접 학교로 방문하여 침구를 수거하고, 세탁 완료 후 배달까지 해주는 서비스를 제공한다.

방학 전주에 세탁물을 미리 맡겨 방학식 전에 수령하는 경우도 있지만,

방학식 당일에도 침상 안정이 필요한 학생이 있을 수 있어 학생 하교 후에 세탁을 맡기는 경우도 있다. 이때 방학식 당일 세탁을 맡기고 개학 후에 세탁물을 수령할 예정이라면 품의서 작성 시 '완료요구일자'를 개학일 이후로 여유 있게 설정해야 한다.

일반적으로 품의서를 작성하면 완료요구일자는 자동으로 작성일로부터 1개월 후로 설정된다. 2026년 8월 3일에 품의서를 작성하는 경우 요구일자는 2026-08-03, 완료요구일자는 1개월 후인 2026-09-02로 설정된다.

보통 세탁소에서는 세탁 완료 후 학교로 배송하면서 행정실에 방문해 카드 결제를 진행한다. 여름방학의 경우 개학 이후에 세탁물을 수령해노 큰 문제가 없지만, 겨울방학에는 세탁물 관련 지출이 다음 회계연도로 이월되지 않도록 2월 말 이전에 사전 결제를 요청하는 것이 바람직하다.

방학 후 굵직한 업무들의 시작, 8~9월

교직원 심폐소생술 연수

심폐소생술 연수는 일반적으로 수업 일과가 가장 짧은 수요일에 진행한다. 2~3월 초에 미리 유선 통화나 홈페이지를 통해 교육을 신청한다.

확정된 교육 일정은 3월 학기 초, 교직원들이 학사일정이나 복무 계획을 세울 때 참고할 수 있도록 심폐소생술 연수 예정 날짜와 시간을 사전에 안내한다. 출장이나 개인 일정 등으로 학교 주최 연수에 참여하지 못하는 경우에는 무료 교육기관을 안내하여 개인적으로 신청·예약 후 이수할 수 있도록 한다.

무료 교육기관으로는 서울의 경우 서울특별시교육청 보건안전진흥원, 시민안전체험관(광나루·보라매) 등이 있다.

2, 3, 5, 6학년 소변검사

구분	내용
검사 시기	학기 초 검사기관과 협의
검사 대상	2, 3, 5, 6학년
검사 내용	컵에 소변을 받고 스틱 검사(요단백, 요당, 요잠혈, pH)
검사기관	학교건강지원협회(강동 지역), 한국학교보건협회(강서 지역)
검사 방법	학교 방문 검사
검사 비용	무료(학교 예산에서 지급)
결과 안내	검사 결과 이상자에게는 검사기관의 안내문을 제공하고, 재검사 회신서를 학교에 제출(재검사 비용은 학부모 부담)

❶ 소변검사 일정 확인 및 계획서 기안

2, 3, 5, 6학년 학생을 대상으로 하는 소변검사는 별도 검사로 분류된다. 소변검사 일정은 학기 초 교육청 공문을 통해 안내되며, 일정 조정이 필요한 경우에는 검사기관과 협의하여 일정을 변경할 수 있다.

❷ 검진비 품의

'학교 건강검진 및 별도 검사 비용' 공문을 참고하여 소변검사비 품의를 올린다.

❸ 2, 3, 5, 6학년 담임교사에게 안내 및 가정통신문 발송

검사 일정이 확정되면 담임교사가 수업 일정에 참고할 수 있도록 미리 전체 메신저를 통해 안내한다.

가정통신문에는 다음 사항을 포함하여 안내한다.

• 검사 일시 및 대상

- 비용: 무료

- 검사 방법: 요컵을 활용한 스틱 검사

- 검사 항목: 요단백, 요잠혈, 요당, pH

- 주의 사항: 검사 전일 및 당일 유의 사항

- 결과 안내 및 사후 관리 방법

❹ **사전 준비 사항(검사요원에게 제공)**

- 교실 배치도

- 수업 시간표

- 학급별 명단(성별 구분): 학년반, 이름, 성별이 포함된 명단을 한 페이지로 출력(경로: 나이스 → [학적] → [기본학적관리] → [명렬표출력] → '명렬표내용선택'에서 '성별' 선택 후 출력)

  (※ 학적 권한이 없는 경우에는 교내 나이스 담당자에게 권한 요청)

- 이동수업 장소 및 시간표: 2, 3, 5, 6학년의 이동수업 시간표를 조사하여 검사요원이 참고할 수 있도록 한다. 이동수업 시간표는 한눈에 파악하기 어려우므로 구글 스프레드시트를 활용해 담임교사에게 링크를 공유하고, 4교시까지의 이동수업 시간을 실시간으로 입력하도록 하면 쉽게 확인할 수 있다. 모든 입력이 완료되면 출력하여 검사요원에게 제공한다. 이를 통해 검사요원은 학급별 검사 가능 시간대를 한눈에 파악할 수 있어 효율적인 일정 조정이 가능하다.

  (※ CHAPTER 04 '보건실 운영 꿀팁 & 노하우 _ 각종 현황 관리' 참고)

❺ **검사 당일 운영 및 이상자 안내문 배부**

검사요원은 보통 오전 9시에 학교를 방문하며, 저학년부터 각 학급을 순회하며 검사를 시행한다. 학급당 약 10분 정도 소요되며, 이동수업이 있는 경우 시간 지연이 발생할 수 있다.

학생들은 검사요원 지시에 따라 컵에 소변을 받고, 스틱 검사를 시행한다. 검사 완료 후 정상 결과 학생은 결과통지서를 따로 배부하지 않으며, 이상 소견 학생은 검사기관에서 제공하는 안내문이 개별로 배부된다. 이상 소견 학생은 인근 병원에서 재검진 및 재검사를 시행하고, 회신서를 학교로 제출하도록 한다. 이때 재검사 비용은 자비 부담이다.

❻ 나이스 건강기록부 입력 안내

- 나이스 → [보건] → [건강기록부관리] → [항목별등록] → 학년반 ‘조회’ → [별도검사] 탭 → 검사명 ‘소변검사’ 선택 → 검사일, 검사기관 입력

학생 건강검진 및 구강검진

❶ 검진기관 여부 확인

학생 검진기관을 계약할 때는 검진기관의 지정 기준에 적합하고 전산 처리 등이 가능한 「건강검진기본법」에 따른 ‘건강검진기관’ 여부를 반드시 확인해야 한다. 학생 검진기관으로 선정해도 되는지 여부는 국민건강보험 홈페이지에서 간단히 확인할 수 있다.

경로는 다음과 같다.

- 국민건강보험 홈페이지 → [건강모아] → [검진기관/병원찾기] → [검진기관/병(의)원 찾기]

해당 메뉴에 들어가면 지역을 선택하거나 병원명을 직접 입력해 검색할 수 있으며, 검색 결과에 공식적으로 등록된 건강검진 병원 목록이 나타난다. 다만 목록에 병원 이름이 등록되어 있더라도 모든 병원이 학생 건

강검진을 실제로 시행하는 것은 아니다. 따라서 검진 가능 여부와 검진이 가능한 요일·시간대를 반드시 전화로 직접 확인한다.

(※ 세부 지정 기준: 학교보건기본방향 '참고자료 23' 참고)

❷ 학기 초: 검진 병원 사전 협의 및 구두계약

희망 일정에 검진이 가능한지 확인 후 미리 구두로 계약한다.

❸ 검진 2~3주 전: 계획서 및 가정통신문 내부 결재

'학생 건강검진 및 구강검진 계획서'와 '가정통신문'을 내부 결재한다. 서울시교육청의 경우 '한눈에 보는 보건 업무 길라잡이' 서식을 활용할 수 있다. 타 시도교육청은 지침서 내 예시 서식을 확인하여 참고한다.

가정통신문 작성 시 포함하면 좋은 항목은 다음과 같다.

- 검진 병원 연락처 및 검진 시간, 휴진일 등
- 방문 전 전화 예약 필수 여부
- 문진표 제공 여부 및 제출 방식(서면 또는 QR코드)
- 학교 지정 외 병원에서 검진하거나 착오로 중복 검진 시 추가 비용은 학부모 부담
- 타 병원 이용 시 '검진 결과 통보서'를 발급받아 담임교사에게 제출
- 보호자 동반 검진
- 검진 전 주의 사항(검사 전날 과도한 운동 금지, 4학년 과체중 학생은 검사 전 최소 8시간 공복 유지, 소변검사 실시 시 소변을 참고 내원 등)
- 가정통신문 하단에 '건강검진 확인증(학년·반, 이름, 병원명, 검진 일자, 보호자 서명)'을 첨부하여 검진 완료 후 담임교사에게 제출하도록 한다. 이는 검진 참여를 독려하고, 검진 마감 후 담임교사가 나이스 건강기록부에 미리 입력할 수 있어 업무 효율을 높인다.

건강검진 확인증(학교 제출용)

(검진을 받은 기관을 표시한 후 담임선생님께 제출해주세요.)

서울○○초등학교 ____ 학년 ____ 반 성명 __________

건강검진 (검진을 받은 기관에 V표시)					
검진기관	건강검진	○○병원		○○병원	검진일: 2026. . .
	구강검진	○○치과		○○치과	검진일: 2026. . .
위와 같이 건강검사를 실시하였습니다.			법정 보호자	성명: (인)	

2026. ○. ○.
서울○○초등학교장

❹ 학생 건강검진비 품의

'학교 건강검진 및 별도 검사 비용' 공문을 참고하여 품의한다.

(예시) 2026학년도 학생 건강검진 및 구강검진비 지급 요구

1. 관련

　가. 「학교보건법」 제7조(건강검사 등) 및 「학교건강검사규칙」

　나. 2026학년도 학교보건기본방향

　다. 서울특별시교육청 ○○○과-556(2026. 7. 27.)

2. 2026학년도 학생건강검진비를 다음과 같이 지급 요구하고자 합니다.

　가. 건강검진

　　1) 대상: 1, 4학년

　　2) 기간: 2026. 8. 3.(월)~8. 31.(월)

　　3) 기관: ○○ 병원, ○○ 내과

　　4) 비용: 정상 체중 학생 1인당 10,760원, 4학년 비만 체중 학생 1인당 31,240원

        5) 검진비 지출: 검진비 총액에서 추후 비용 청구서 통해 지급 계획으로 변동 가능
    나. 구강검진
        1) 대상: 전 학년
        2) 기간: 2026. 8. 3.(월)~8. 31.(월)
        3) 기관: OO 병원, OO 치과, OO 치과
        4) 비용: 1인당 8,300원
        5) 검진비 지출: 검진비 총액에서 추후 비용 청구서 통해 지급 계획으로 변동 가능.
            끝.

❺ 검진 계약 진행

　병원 측 검진 담당자가 행정실을 직접 방문하거나 행정실 이메일로 계약 서류를 발송한다. 최근에는 학생 구강검진을 검진 병원과 협의하여 통합전산화시스템(덴티아이)을 통해 온라인으로 계약하고, 검진 진행 여부를 실시간으로 확인할 수도 있다.

　병원 측에서 검진 관련 서류를 잘 모르는 경우가 있다. 계약 관련 서류는 보건교사도 정확히 알기 어려워 행정실 계약 담당자로부터 서류를 받아 병원 담당자에게 이메일로 전달하는 방식으로 안내하기도 한다.

　학교 제출용 계약 서류는 병원에서 행정실 이메일로 발송하거나 직접 방문하여 제출하도록 안내한다.

　그 외 계약 서류 관련 문의는 학교 행정실로, 치과의 경우 치과의사회에 문의하도록 하도록 안내한다. 치과의사회 홈페이지에 학생 구강검진 안내 서류들이 탑재되어 있다.

(예시) 검진 병원에 제공하는 학생 검진 계약 관련 안내

<계약에 필요한 서류>

1. 승낙사항(용역)(학교 양식)

2. 청렴계약이행서약서(학교 양식)

3. 수의계약각서(학교 양식)

4. 조세포탈(학교 양식), 지방자치단체를 당사자로 하는 계약

5. 수의계약체결제한확인서(학교 양식)

6. 학생건강검진승낙서(학교 양식)

7. 개인정보파기확인서

8. 견적서(병원), 의사면허증(병원), 사업자등록증(병원), 통장사본(병원), 세금계산서
   (병원)

9. 4대보험 완납증명서(공단)

<계약 방법(계약 서류)>

1) 학교 이메일 : OOOOOO@sen.go.kr로 발송

2) 직접 학교로 방문 : 행정실로 제출

<검진 후 행정 처리>

- 검진기관은 건강검진을 완료한 날로부터 30일 이내에 해당 학교로 검진 비용 청구
  (학교는 검진기관 비용 청구일로부터 7일 이내에 검진 비용 지급)
- 학생건강검사결과통보서와 학생구강검진결과통보서는 검진 완료 후 30일 이내 학
  생 또는 보호자, 학교장에게 각각 통보(검진 결과 통보서 학교용 / 배부용 각 1부씩
  학교로 회신)
- 지출 관련 서류(비용청구서)는 행정실로 제공하고, 검진 학생 명단 및 학년별 / 남녀
  별 통계표와 검진 결과 통보서 등은 보건실로 제공
- 학생의 인적사항 및 검진 자료 등의 개인정보 보호관리 철저

> <기타 행정 사항>
> • 계약 서류 관련 문의: (행정실) 02-0000-0000
> • 학생 구강검진 관련 문의: (서울시치과의사회) 02-498-9142
>   - 서울특별시치과의사회 SDA 홈페이지 → 치과의사존 → [각종구강검진안내] 참고
> • 그 외 관련 문의: (보건실) ☎02-0000-0000

❻ 가정통신문 배부 및 검진 독려

회신율을 높이기 위해 가정통신문은 종이 형태로 배부한다. 이알리미 또는 담임교사(알림장)를 통해 검진 독려 안내를 지속적으로 시행한다.

❼ 검진 마감 처리

검진 종료 시점에 병원에 전화로 검진 마감을 요청한다. (병원 측에서 먼저 마감 여부를 확인하는 경우도 있음) 계약 기간 이후에 검진한 학생의 검진비는 사비 부담이 된다.

❽ 검진 관련 서류 관리

행정실은 비용 청구서를 기준으로 검진비를 지출하며, 검진 학생 명단 및 각종 통계 자료는 보건실로 전달된다.

- 행정실: 비용 청구서 등 지출 관련 서류를 병원 담당자가 직접 방문하거나 행정실 이메일로 제출한다.
- 보건실: 검진 학생 명단, 학년별·남녀별 통계표, 검진 결과 통보서를 병원에서 보건실로 제출한다.

❾ 검진 결과서 배부

학교 보관용 검진 결과서는 보건실에 보관, 학생용 검진 결과서는 학생에게 배부한다. (일부 병원은 검진 후 바로 학생에게 결과지 배부)

❿ 나이스 건강기록부 입력 안내

담임교사에게 건강검진 결과표를 제공하여 검진일, 검진기관을 나이스에 입력하도록 안내한다. 미검진 학생은 '미실시' 항목 체크 후 '저장'한다.

- 나이스 → [보건] → [건강기록부관리] → [항목별등록] → 학년반 '조회'
- **건강검진**: [건강검진] 탭 → 건강검진 → 검진일, 검진기관 입력
  - 1, 4학년의 경우 [신체발달] 탭에서 키·몸무게 수치, 검사일도 입력
    (비만도는 키·몸무게 입력 후 '저장'하면 자동 산출)
- **구강검진**: [건강검진] 탭 → 구강검진 → 검진일, 검진기관 입력
- 미검진 학생의 경우 '미실시여부'에 체크 표시 후 '저장'

⓫ 만족도 조사(선택사항)

필수는 아니지만 추후 병원 관련 민원 발생 시 만족도 조사 결과를 근거 자료로 활용할 수 있다. 보건 업무 지침 예시 서식을 활용하여 이알리미 등을 통해 수합하면 효율적이다.

※「학생건강검진 전문기관 위탁법(학교보건법 일부개정법률안)」이 국회 교육위원회를 통과함에 따라 2027년부터 학생 건강검진을 국민건강보험공단에 위탁하여 보다 체계적인 건강관리가 가능해진다. 이에 따라 기존의 학교장이 지정한 검진기관 방문 또는 출장검진 방식에서 학생·보호자가 원하는 검진기관에 자유롭게 내원하는 방식으로 변경된다.

마감·보고·정리의 계절, 10~12월

나이스 건강기록부 입력 및 마감 안내

건강기록부 입력 및 마감 안내는 담임교사가 한눈에 확인하고 쉽게 처리할 수 있도록 첨부파일(또는 메세지)에 모든 내용을 정리하여 공유한다.

메시지와 첨부파일로 동일한 내용을 중복 안내할 경우 오히려 확인 과정에서 혼동이 발생할 수 있으므로 안내 내용은 메시지 또는 첨부파일 중 하나의 전달 방법으로 통일하여 구성한다. 파일에는 1, 4학년과 2, 3, 5, 6학년으로 구분하여 학년별로 확인해야 할 입력 항목을 각각 정리한다.

또한 나이스 경로, 미실시 학생 처리 등 자주 발생하는 문의 사항에 대한 해결 방법까지 함께 안내하여 참고할 수 있도록 구성한다.

예시

> **▶1, 4학년 입력 항목: 신체발달, 건강검진, 구강검진**
>
> 나이스 경로: [보건] → [건강기록부관리] → [항목별등록] → 학년반 '조회'
> - 신체발달: [신체발달] 탭 → 키, 몸무게, 검사일 입력 후 [저장] 버튼
> - 건강검진: [건강검진] 탭 → 건강검진 → 검진일, 검진기관 입력 후 [저장] 버튼
> - 구강검진: [건강검진] 탭 → 구강검진 → 검진일, 검진기관 입력 후 [저장] 버튼
>
> ※ 미측정 학생은 보건실에서 측정 및 나이스 입력
> ※ 학교 지정 병원이 아닌 곳에서 검진한 경우 검진을 한 병원명과 검진일 입력 → 해당 병원 '건강검사 통보서' 발급하여 보건실 제출
> ※ 미검진 학생의 경우 '미실시여부'에 체크 표시 후 [저장]

▶ 2, 3, 5, 6학년 입력 항목 : 신체발달, 구강검진, 별도검사(소변, 시력)

나이스 경로: [보건] → [건강기록부관리] → [항목별등록] → 학년반 '조회'

• 신체발달: [신체발달] 탭 → 키, 몸무게, 검사일 입력 후 [저장] 버튼

• 구강검진: [건강검진] 탭 → 구강검진 → 검진일, 검진기관 입력 후 [저장] 버튼

• 소변검사: [별도검사] 탭 → 검사명 '소변검사' 선택 → 검사일, 검사기관 입력

• 시력검사: [별도검사] 탭 → 검사명 '시력검사' 선택 → 검사일, 검사기관 입력

※ 미측정 학생은 보건실에서 측정 및 나이스 입력

※ 학교 지정 병원이 아닌 곳에서 검진한 경우 검진을 한 병원명과 검진일 입력 → 해당 병원 '건강검사통보서' 발급하여 보건실 제출

※ 미검진 학생의 경우 '미실시여부'에 체크 표시 후 [저장]

▶ 팝스 불러오기(PAPS 측정 학년만 해당)

나이스 경로: [보건] → [건강기록부관리] → [항목별등록] → 학년반 '조회' → [신체능력] 탭 → 네모박스 체크 후 'PAPS자료불러오기' → [저장]
(※ 2025학년에는 4, 5, 6학년 대상, 2026학년도에는 의무평가 대상이 3학년 이상으로 확대 예정)

▶ 건강기록부 마감

나이스 경로: [보건] → [건강기록부관리] → [반별등록] → 학년반 '조회'

• 마감 버튼(파란색)이 활성화되어 있는 경우 [마감] 버튼 클릭

• 마감 버튼이 없고, 자료검증 버튼만 활성화되어 있는 경우 [자료검증] 버튼 클릭

  - 자료검증 목록에 미등록 학생 확인 → 빈칸 입력 → [마감] 버튼 클릭

교직원 결핵검진, 성희롱·성폭력·성매매 연수, 감염병 예방 교육 등 결과 보고(내부 결재)

결핵검진은 개인별로 검진 시기와 검진 장소가 서로 다르고, 성희롱·성폭력·성매매 연수 및 감염병 예방 교육은 온라인으로 진행되는 경우가 많아 이수 일자가 제각각이므로 거의 1년 내내 검진·연수 이수 현황을 지속적으로 수합·정리해야 한다.

이때 구글 스프레드시트 링크를 공유하여 구성원이 직접 입력하도록 하면 자료 수합이 효율적이다.

결핵검진은 소속, 성명, 검진기관, 검진일자 항목으로 구성하고 성희롱·성폭력·성매매 연수 및 감염병 예방 교육은 소속, 성명, 이수 여부(☑), 연수명, 이수 일자, 교육기관, 연수이수번호 항목으로 구성한다.

각 개인이 검진 또는 연수 이수 후 직접 현황을 입력하도록 안내하면 담당자가 별도로 취합·정리해야 하는 업무 부담을 크게 줄일 수 있다.

수합이 완료된 결핵검진 및 연수 현황은 구글 스프레드시트의 [파일 → 다운로드] 메뉴에서 엑셀 또는 PDF 형식으로 내려받아 내부 결재 시 파일로 첨부한다.

학교보건 정기 보고 자료 제출(교육청)

매년 12월이 되면 학교 심폐소생술 교육 실시 현황, 학생 건강검사 추진 현황 및 결과 통계표, 보건교육 및 학생 건강 증진 교육 운영 현황 등 다양한 보고를 요구하는 공문이 내려온다. 해당 공문 내용에 따라 나이스 또는 K-에듀파인의 자료집계시스템을 통해 제출하면 된다.

(※ 2026년 2월 28일로 자료 집계 서비스가 종료됨에 따라 앞으로는 '교육행정 데

이터 통합시스템'에서 제공하는 데이터 취합 기능(구 자료 집계)을 활용하여 자료 제출)

가정통신문(중학교 입학생 예방접종, 겨울방학 감염병 예방 및 건강 관리)

❶ 중학교 입학생 대상 예방접종 안내

교육청에서 관련 공문이 내려오면, 6학년 학생들에게 중학교 입학 배정통지서가 배부되는 날에 중학교 입학생 예방접종 안내문이 함께 전달될 수 있도록 준비한다.

중학교 입학 배정통지서는 보통 다음 해 2월에 배부되므로 방학 전에 미리 내부기안, 안내문 출력 등 필요한 절차를 마쳐야 한다. 이후 6학년 담당 교사에게 배부 일정을 사전에 확인해 원활하게 안내가 이루어지도록 한다.

❷ 겨울방학 감염병 예방과 건강 관리 안내

겨울철에 유행하는 감염병 예방 수칙과 전반적인 건강 관리 방법을 포함한 안내문을 배부한다. 특히 겨울철에는 독감(인플루엔자), 노로바이러스 감염증과 같은 감염병이 증가하므로 손 씻기, 기침 예절, 예방접종, 이상 증상 시 즉시 의료기관 방문 등 생활 속 예방 수칙을 상세히 안내할 필요가 있다.

또한 방학 기간은 평소 지속적으로 호소하던 건강 문제를 점검하기 좋은 시기이므로 시력 저하, 충치 등 치아 문제, 반복되는 복통·두통 등의 건강 이상이 있었던 학생들이 의료기관을 방문하여 점검할 수 있도록 권장 내용을 포함한다.

이와 더불어 겨울철 기온 급락으로 인해 발생할 수 있는 저체온증·동상 등 한랭질환 예방 방법, 야외 활동 시 안전 수칙을 함께 안내하여 학생들이 방학 중에도 안전하고 건강하게 생활할 수 있도록 한다.

잔여 예산 사용 및 추경

❶ 잔여 예산 사용

연말에 예산이 남아 있는 경우에는 남겨두기보다는 학교 운영에 도움이 될 수 있도록 적극적으로 활용한다.

- 내년도 준비: 잔여 예산이 있을 때는 내년도에 꼭 필요한 물품이나 소모품을 미리 구입할 수 있다. 예를 들어 매년 정기적으로 사용하는 비품이나 보건용품, 소독제, 사무용품 등은 연말에 미리 구매해 두면 다음 해 초 업무를 더 수월하게 시작할 수 있다.
- 추경: 예산 항목별로 남은 금액이 애매하거나 활용이 어려운 경우에는 다른 필요한 항목으로 추경하는 방법도 있다. 예를 들어 특정 항목의 예산이 부족할 때 잔액을 조정하여 필요한 사업에서 활용한다.
- 부서 간 예산 조정: 다른 부서에서 예산이 부족할 수가 있다. 이럴 때는 사용하지 않는 항목의 예산을 정리하여 알려주면, 해당 예산을 다른 필요한 부서나 항목(시설 보수, 물품 구입 등)에서 활용할 수 있다.

❷ 추경

10월쯤이 되면 1년 동안 사용하던 예산 중에서 약품비나 감염병 관련 예산이 부족해지는 경우가 자주 발생한다. 이럴 때는 보건 예산 내에서 남은 항목의 예산을 부족한 항목으로 옮겨 사용하는 '추경(추가경정예산)' 절차를 진행할 수 있다. 예를 들어 응급처치 및 심폐소생술 교육 예산이 10만 원 남았는데 해당 항목은 더 이상 사용할 계획이 없고 감염병 물품 구입 예산이 부족하다면 '응급처치 및 심폐소생술 교육비'에서 '감염병 예방 물품비'로 10만 원을 옮기는 방식으로 추경을 요청할 수 있다.

추가경정의 경우 학교운영위원회 일정에 따라 추가경정예산 요구서를 제출하라는 행정실 안내가 있으므로 일정을 확인한 후 추경 요구서(예산 변경요청서)를 작성하여 제출하면 된다. 제출 방법은 부서별 부장이 수합하여 내부 결재(기안)를 올리거나 개별적으로 행정실장의 협조를 받아 기안할 수도 있다.

해당 서식은 학교마다 정해진 양식이 있으므로 행정실에 요청하면 제공받을 수 있다.

아래 예시는 '응급처치 및 심폐소생술 교육' 예산에서 10만 원을 감액하고, '감염병 예방 물품비'로 10만 원을 증액하여 사용하는 사례이다.

예시

세부 사업명	세부 항목	원가통계비목	산출 내용	산출 기초 및 예산요구액		비고
학생 및 교직원 보건안전관리	보건실 운영	운영 수당	응급처치 및 심폐소생술 교육	100,000원 * 1회 =	-100,000	불필요
학생 및 교직원 보건안전관리	감염병 예방 관리	학생복지비	감염병 예방 물품	100,000원 * 1회 =	+100,000	증액 필요

한 해 마무리와 내년도 준비를 함께하는 1~2월

예방교육통합관리 시스템 실적 입력

전 교직원은 「폭력예방교육 운영안내」에 따라 성희롱·성매매·성폭력 예방 교육을 매년 1회 이상, 각 1시간 이상 이수해야 한다. 교육은 사이버 교육, 내부 직원 강의 등 다양한 방법으로 실시할 수 있다. 교육을 완료한 후에는 다음 해 2월 말까지 '예방교육통합관리' 시스템을 통해 실적을 등록해야 한다.

실적 입력 시 부진기관으로 분류되지 않도록 유의해야 한다. 점수 미달로 부진기관으로 지정될 경우에는 관리자 특별교육, 기관명 공표, 예방교육 개선계획서 제출 등 후속조치가 시행될 수 있으므로 관련 사항을 누락 없이 관리해야 한다.

특히 종사자 교육 참여율 80% 이상 유지, 고위직 대상 맞춤형 별도 교육 실시, 고충상담원 신규 지정 시 3개월 이내 교육 이수 여부 등 누락되기 쉬운 항목을 철저히 확인한다.

예방교육통합관리(https://shp.mogef.go.kr/shp/front/intro.do)에서 [예방교육실적입력 로그인] (바로가기) → 폭력 예방교육 실적 등록 현황 하단에 [교육 대상입력] 및 [교육실적입력]에서 성희롱 방지조치, 성희롱·성매매·성폭력·가정폭력 예방교육 내용을 입력한다. 여기서 회원가입 시 등록한 공동인증서를 통해 로그인한다.

실적 입력 담당자가 여러 명이면 각각 회원가입 후 로그인하여 교육실적을 제출한다. 즉 학교 아이디 공용 사용이 아닌 개별 아이디로 사용해야 인사이동 후에도 학교 변경, 인증서 등록 등 복잡한 절차 없이 사용이 가능하다. 예를 들어 보건교사, 생활부장 등 개별로 입력이 필요한 경우 각자 개별 아이디로 가입하여 입력하면 된다.

전보 등으로 소속기관이 변경된 경우에는 로그인 → [회원정보수정] → [개인정보수정] → [기관정보]에서 기관 변경을 신청한다.

약품 관리 및 약품 가방 수거

❶ 약품 관리

학기 말, 겨울방학을 앞둔 시기에는 보건실에 비치된 약품을 전반적으로 점검하는 과정이 필요하다. 먼저 약품의 수량과 유효 기간을 확인하여 현재 재고 상황을 정확히 파악한다. 이때 남은 예산이 있다면 다음 해에 사용할 약품을 미리 구입해둔다.

또한 유효 기간이 얼마 남지 않은 약품은 선납 선출의 원칙에 따라 우선적으로 사용할 수 있도록 정리하고, 이미 기간이 지난 약품은 규정에 따라 폐기 절차를 진행한다.

❷ 학급용 약품 가방 수거 및 정비

학기 초 배부되었던 학급용 약품 가방은 모두 수거하고, 내년에 다시 배부하기 전 정비하는 과정이 필요하다.

약품이 이미 모두 소진되었거나 연고가 새어 나와 사용이 어려운 경우가 종종 발견된다. 미리 정리해 두면 새 학기가 시작될 때 불필요한 낭비를 줄일 수 있고, 학생들에게 더욱 안전하고 깔끔한 상태의 약품을 배부할 수 있다.

내년 교직원 심폐소생술 및 학생 검진기관 구두계약

교직원 심폐소생술 교육과 학생 건강검진은 내년도 학사일정을 고려하여 사전에 업체와 일정을 구두로 조율한다. 사전에 날짜를 확보해 두어야 준비가 수월하기 때문이다.

물론 새 학기가 시작된 후에 일정을 논의할 수도 있지만, 대부분의 학교는 교직원 심폐소생술 연수를 수요일에, 학생 건강검진을 여름방학 기간에 실시하기 위해 미리 예약하여 날짜를 선점해 둔다.

날짜를 선정할 때는 내년도 학사일정을 사전에 확인하여 운동회, 체험학습, 학부모총회와 같은 큰 행사나 주요 일정이 없는 날을 선택해야 원활하게 진행할 수 있다.

늦게 일정을 잡게 되면 원하는 날짜를 확보하지 못해 남는 시간대에 진행해야 하는 경우가 생길 수 있다.

이와 같이 교직원 심폐소생술 교육과 학생 건강검진은 사전에 업체와 구두로 일정을 조율해 두고, 학기 초에 업무 참고가 가능하도록 전체 교직원에게 일정 안내 메시지를 공유한다. 이후 시행 2주~1개월 전을 기준으로 계획서 기안, 비용 품의, 가성통신문 발송 또는 실시 안내 등 일련의 절차를 순차적으로 진행한다.

보건실 방문 학생 통계 보고

보건실 방문 학생 통계는 학교별로 관리 방식이 조금씩 다르다. 일반적으로 분기별·반기별·학기 말 등 일정 주기에 한 번씩 정리하여 보고(내부 결재)한다. 보건일지 '통계' 기능을 활용하여 증상별, 학년별 등으로 구분하여 집계할 수 있다.

결재경로는 학교마다 다를 수 있는데, 어떤 학교는 보건교사 전결로 처리하고, 또 어떤 학교는 교감 전결로 올리기도 한다.

만약 보건교사 전결로 보고하는 학교라면 관리자 공람을 걸어두는 것이 중요하다. 그래야 관리자가 자연스럽게 보건실 운영 상황을 인식하고, 학생들의 건강 관련 방문 빈도나 보건실의 역할을 눈으로 확인할 수 있다.

통계 자료는 단순히 보고용으로 끝나는 것이 아니라 교육 자료로도 다양하게 활용할 수 있다.

예를 들어 '응급처치'나 '복통 예방'과 같은 보건수업 시간에 학생들에게 실제 학교 데이터를 보여주면서 "우리 학교에서는 어떤 이유로 보건실을 많이 찾는지", "가장 자주 발생하는 증상은 무엇인지"를 시각화하여 보여주면 학생들의 관심과 참여를 높일 수 있다.

마지막으로 이러한 통계는 매년 학기 초 학교 정보공시 입력 시 보건실 방문 학생 수를 기재할 때도 매우 유용하다. 정확한 기록을 기반으로 공시 자료를 작성할 수 있기 때문에 행정적인 신뢰성뿐만 아니라 업무 효율성이 함께 높아진다.

내년도 보건 교육과정 작성

내년도 보건 교육과정은 학교 상황과 소속부장의 운영 방식에 따라 학기 말에 미리 요청되는 경우도 있고, 학기 초에 요청되는 경우도 있다.

보건교사는 해당 시기에 맞춰 부서별 교육과정 안을 준비한다. 주로 학교보건업무, 응급환자 관리, 감염병 예방 관리, 보건교육, 흡연 예방 교육 등의 내용으로 구성된다.

교육과정 작성 시에는 전년도에 운영했던 내용을 기본 틀로 유지하되 교육청 공문이나 법·지침 변경 사항을 면밀히 확인하여 필요한 부분을 수정·보완하여 최신 내용으로 반영한다.

내년도 예산 편성

올해 예산 편성 내역과 예산 집행 내역을 비교하여 증액 또는 감액이 필요한 항목을 조정하고, 내년도 학교회계 예산편성 기본지침의 '주요 변경 내용'을 확인하여 신규로 추가된 사업이나 반영이 필요한 항목이 있으면 예산에 반영한다.

보건실 침구 세탁

(※ 40~41페이지 '보건실 침구 세탁' 참고)

CHAPTER 03

해보면 쉽지만
복잡하고 어려운 업무
_ 처음이라 잘 모르겠어요

여러 번 해보면 금세 익숙해지는 업무들이지만 처음 접할 때에는 복잡하고 막막하게 느껴질 수 있다. 특히 교직원 연수 준비나 에듀파인 기안·품의와 같은 업무는 몇 차례 직접 해보면 금방 익숙해지지만, 초기에는 어디서부터 어떻게 시작해야 할지 감이 잘 오지 않는다. 게다가 이러한 업무들은 누군가 자세히 하나하나 안내해 주는 경우가 거의 없어 처음에는 더욱 어렵게 느껴질 수 있다.

교직원 연수 준비 및 진행 절차

교직원 심폐소생술 연수와 같이 반드시 대면으로 진행해야 하는 연수가 있다. 하지만 막상 처음 준비하려고 하면 '언제? 어디서? 어떻게?'라는 생각이 들며 어디서부터 손을 대야 할지 몰라 당황하기 쉽다. 특히 많은 교직원이 함께 참여하는 자리이다 보니 장소 확보부터 일정 조율, 행정 처리까지 신경 쓸 부분이 많다.

교직원 연수를 진행하려면 단순히 날짜를 잡는 것에서 끝나는 것이 아니라 장소 확인부터 행정 절차, 교육 당일 안내까지 여러 단계를 체계적으로 진행해야 한다.

다음은 실제 학교 현장에서 활용할 수 있는 연수 준비 절차를 구체적으로 정리한 것이다.

교내 일정 및 행사 여부 확인

연수 날짜를 정하기 전에는 희망 날짜에 학교 내 행사나 주요 일정이 예정되어 있는지 확인해야 한다. 월중행사나 학사일정을 통해 해당 날짜에 학교 행사가 없는지 먼저 확인한 후에 관리자(교장, 교감), 교무부, 각 부장에게도 일정 확인차 미리 문의한다.

예시 문구

"[○월 ○일(수) 13:40~16:40에 교직원 심폐소생술 연수를 진행하려고 합니다. 혹시 해당 시간에 예정된 교내 일정이나 행사가 있을까요?"

교직원 연수 장소 사용 가능 여부 확인

연수를 진행할 장소를 확보한다. 전 교직원이 함께 참석할 수 있을 만큼 수용 가능한 공간(시청각실, 다목적실, 강당 등)인지 확인한다. 또한 해당 시간대에 방과후 수업, 동아리, 외부 대관 등으로 이미 사용 중인 공간은 아닌지 반드시 점검한다. 장소가 겹치면 다른 시간대나 장소를 미리 조율해 두어야 한다.

특별실 사용 현황의 경우에는 정규 시간은 교무부(교육과정 담당)에, 동아리나 방과후 수업은 해당 업무 담당자에게 문의하면 알 수 있다.

업체 교육 담당자와 일정 확인 및 확정

학교 내 일정을 확인한 후에 해당 날짜에 교육을 진행할 업체 담당자와 최종 일정을 확정한다. 교육 신청은 대부분 홈페이지를 통해 원하는 날짜를 선택하여 예약하거나 유선을 통해 일정 조율을 진행한다.

일정이 확정되면 업체로부터 교육 일정 및 교육 실시 관련 안내에 대한 이메일 회신을 받는다. 이때 교직원 심폐소생술 연수는 수업 시간이 비교적 짧은 수요일을 우선 고려하고, 정규수업 종료 이후 시간대로 조정하여 교사들의 복무에 지장이 없도록 한다.

교직원 안내 메시지 발송

연수 일정이 확정되면 교직원들이 복무 계획에 참고할 수 있도록 최대한 빨리 공지 메시지를 발송한다. 교직원 심폐소생술 연수는 법령에 따른 필수 연수이므로 가급적 연수 당일 참석을 독려한다. 참석자는 연수 서명부에 자필로 서명하도록 하며, 불참 시에는 개별 이수가 필요함을 안내한다.

예시 문구

"○월 ○일(수) 13:40~16:40, 강당에서 교직원 심폐소생술 연수를 실시합니다. 본 연수는 필수 이수 연수이므로 반드시 참석해 주시기 바랍니다. 출장이나 개인 일정 등으로 학교 주최 연수에 참석이 어려운 경우에는 별도로 개별 이수가 필요합니다."

계획서 및 품의 등 행정 절차 처리

연수 날짜가 다가오면 약 2주 전에 연수 실시 계획을 포함하여 품의를 진행한다. 품의서 본문에는 연수명, 연수 일시, 연수 장소, 연수 대상, 소요 예산, 진행 방법 등을 명확히 기재한다. 지출에 필요한 서류(견적서, 사업자등록증, 통장사본, 교육 원고 등)는 품의 전 미리 업체로부터 전달받아 품의서에 첨부한다.

예시 문구

1. 관련

　가. 「학교보건법」 제9조의2, 「학교보건법 시행규칙」 제10조

　나. 2026학년도 학교보건기본방향

2. 2026년 본교 교직원 심폐소생술 등 응급처치교육을 아래와 같이 실시하고자 합니다.

　가. 연수명: 교직원 심폐소생술 연수

　나. 연수 일시: 2026. 00. 00.(수) 13:40~16:40 (3시간)

　다. 연수 장소: 강당

　라. 연수 대상: 전체 교직원

　　　1) 모든 교원(기간제 교사 포함)

　　　2) 학교 운동부 지도자, 스포츠 강사 등 학교 스포츠 활동과 관련된 사람

　　　3) 교육감 소속의 일반직 공무원 및 그 외 학교장이 선정한 교직원

       마. 연수 강사: ○○○ 소속 강사

       바. 연수 비용: 금500,000원(금오십만원)

            - 강사료, 교구 대여비, 이수증 발급비 등 모두 포함

       사. 기타

            1) 1회/연 의무적으로 이수하여야 하며, 개인 사정으로 본 교육을 이수하지 못할

               경우 개인적으로 이수해야 함

            2) ○○○교육원 0000-0000(abcde@naver.com)

  붙임 1. 견적서 1부.

        2. 사업자등록증 1부.

        3. 통장 사본 1부.

        4. 교육 원고 1부. 끝.

교육 전날 전산 장비 준비 요청

연수 전날에는 교육 진행에 필요한 방송 장비 준비를 점검해야 한다. 전산 담당에게 무선 마이크, 빔프로젝터, 노트북 연결, 음향 등을 미리 준비 요청한다.

교육 당일 참석 안내 메시지 발송

예시 문구

"오늘 13:40~16:40 강당에서 교직원 심폐소생술 연수가 있습니다. 참석 후 서명부에 꼭 서명해 주시기 바랍니다."

연수 당일 오전이나 점심 무렵에 한 번 더 참석 안내 메시지를 보낸다. 메시지를 통해 참석을 재차 상기시켜 주면 누락되는 인원이 줄어든다.

교육 후 미참석자 및 이수 현황 처리

연수 종료 후에는 부득이하게 참석하지 못한 교직원을 위해 무료 교육 기관을 안내하여 개인적으로 신청·예약 후 이수할 수 있도록 하고, 참석자에게는 이수증 발급 여부와 나이스 등록 등 궁금해 할 수 있는 사항을 안내한다.

(※ 2018년 이후 학교 자체 계획에 따라 실시하여 교육 이수자 명단을 별도로 기록·보관하는 경우 나이스 시스템 등재 불필요, 이에 대부분의 학교에서는 교직원 심폐소생술 연수 결과를 내부기안으로 관리하고 있음)

교직원 심폐소생술 연수 결과 내부 결재

연수 당일 비치된 서명 명부를 스캔한 후에 개별 이수자 명단을 함께 첨부한다.

예시 문구

1. 관련: 서울○○초등학교-0000(2026. 0. 0.)

2. 2026학년도 교직원 심폐소생술 연수 결과를 다음과 같이 보고합니다.
   가. 연수명: 교직원 심폐소생술 연수
   나. 연수 일시: 2026. 0. 0.(수) 13:40~16:40 (3시간)
   다. 연수 장소: 강당

라. 이수 인원: 48명(개별 이수 12명)

마. 연수 기관: ○○○교육원

바. 연수 내용: 응급처치, 심폐소생술 이론 및 실습 교육

사. 참고: 미실시자 개별이수 안내함

붙임   1. 2026학년도 교직원 응급처치 및 심폐소생술 이수 명단 1부.

      2. 2026학년도 교직원 응급처치 및 심폐소생술 개별 이수자 명단 1부. 끝.

에듀파인 기안 올리기

기안하기 위해 에듀파인의 공용 서식을 처음 열어보면 메뉴가 많고 복잡하여 어떤 기능을 써야 하고, 어떤 것은 건드리면 안 되는지 헷갈리기 쉽다. 우선 [업무관리 → 문서관리 → 공용서식] → 일반기안문 서식(결재 4인, 협조 4인)]을 클릭한다.

제목과 과제카드 설정

- 제목: (가정통신문) 2026학년도 중학교 입학생 예방접종 안내
- 과제카드: 행정실에서 권한을 준다. 없는 경우 행정실에 요청하면 된다. 기안하려는 문서와 연관된 과제카드를 선택 후 [확인] 버튼

대국민 공개 여부와 공개 제한 근거 선택

- 주로 사용하는 설정
  - 대국민 공개 여부: 부분 공개

- 공개 제한 근거: 주로 6호 또는 7호(관계 법령 초록 버튼을 눌러 법령 확
  인 후 해당하는 호로 설정)
- 첨부파일: 비공개

※ 모든 공문서는 공개가 원칙이고 비공개 근거(1~8호)가 있을 때만 비공개로 설정해
  야 한다. 대국민 공개 여부는 '공개 또는 부분 공개'로 설정하고, 보안이 필요한 내용
  은 가능한 첨부파일에 작성하여 첨부파일을 '비공개'로 설정한다.
※ 필요시 직원 열람 제한 및 열람 시 암호 확인을 설정한다. 개인정보가 포함된 경우
  직원 열람 제한 설정이 가능하다. 이때 결재경로에 있거나 공람이 되어 있는 사람
  들은 문서 열림이 가능하다. 열람 시 암호 확인을 설정하는 경우에는 문서 제목을
  누르면 보안인증서 암호 확인 창이 뜨고, 인증서 비밀번호를 입력해야 열람이 가능
  하다.

결재경로와 공람 지정

결재경로에서 [결재경로지정] 버튼 클릭 → 결재경로에 포함하려는 직
원을 검색 또는 조직도에서 더블클릭하고, 공람하고자 하는 교직원을 선
택 후 확인한다.

시행 정보

• 내부 결재를 하는 경우 시행 정보에서 별도의 조작 없이 기본 설정을
  그대로 두면 된다.
• 교육청이나 보건소 등 외부 기관으로 공문을 발송하는 경우에는 [수
  신자지정]을 해야 한다.

• 수신자지정 시 교육청은 '공용그룹'에서 선택하며, 보건소는 '행안부 유통'에서 'ㅇㅇ구 보건소'로 검색 후 선택한다. (수신자로 지정한 곳으로 공문이 발송됨)

※ 시행종류에서 [자동발송] 체크박스를 선택하면 결재 완료 후 별도로 '발송대기' 화면에서 발송 버튼을 누르지 않아도 되어 편리하다. 다만 최종 결재자의 결재와 동시에 즉시 발송되므로 발송 전 내용에 오류가 없는지 반드시 확인해야 한다. [자동발송]을 설정하지 않은 경우에는 문서가 에듀파인 상단의 '발송대기'에 남아 있으며, 담당자가 직접 발송 버튼을 눌러야 발송된다.

첨부파일

첨부파일이 있는 경우 [파일추가] 버튼을 클릭하여 삽입한다. 첨부파일은 발송 전에 의도한 파일이 맞는지, 다른 문서가 잘못 포함되지는 않았는지 반드시 확인한다.

본문 작성

본문 작성 후 [결재올림] 버튼을 누르면 내부 결재가 완료된다. 제목은 결재정보에서 입력한 제목이 표출된다. 본문 첫머리에는 기안하고자 하는 내용과 관련된 문서번호나 문서명을 입력하고, 이어서 본문 내용을 작성하면 된다.

문서번호의 예시로는 '서울ㅇㅇ초등학교-12345(2026. 11. 12.), 2026학년도 학교보건운영계획' 등으로 작성할 수 있다.

공문의 문서번호는 교육청 공문 하단의 '시행' 부분에서 확인할 수 있다.

1. 관련: ○○교육지원청 평생교육건강과-12345(2026. 12. 12.)

2. 중학교 입학생 예방접종 확인 사업으로 중학교 입학을 앞둔 학생이 접종을 완료할
   수 있도록 각 가정으로 가정통신문을 발송하고자 합니다.
   가. 대상: 6학년 학생
   나. 방법: 종이 가정통신문 및 이알리미 발송
   다. 일시: 2027년 2월 3일 중학교 입학 배정통지서 배부 시 제공

붙임 (가정통신문) 중학교 입학생 대상 예방접종 안내문 1부. 끝.

에듀파인 품의 올리기

품의서는 사용하다 보면 금방 익숙해지지만, 처음에는 어떤 부분을 작성해야 하고 어떤 부분은 수정하면 안 되는지 구분하기가 쉽지 않다.

우선 [학교회계 → 사업관리] → [품의등록]을 클릭한다.

제목 및 개요 작성

*제목 : 2026학년도 보건실 약품 구입

*개요

1. 관련: 2026학년도 학교보건기본방향

2. 보건실 운영을 위한 약품을 다음과 같이 구입하고자 합니다.
　가. 구입 물품: 밴드 외 3건
　나. 구입 금액: 금105,000원(금일십만오천원)

붙임　지출 품의서 1부.　끝.

완료요구일자

완료요구일자는 기본적으로 1달 뒤로 자동으로 설정된다. 예를 들어 2026년 8월 3일에 품의서를 작성하는 경우 요구일자는 2026-08-03, 완료요구일자는 1개월 후인 2026-09-02로 설정된다.

약품이나 교육 자료 구입의 경우에는 대부분 배송이 1~2주 이내에 이루어지므로 별도로 날짜를 수정할 필요는 없다. 다만 학생 건강검진처럼 약 한 달간 진행되는 업무는 상황이 조금 다르다.

건강검진비는 품의 후 실제 지출까지 약 한 달 이상 소요되기 때문에 이 경우에는 완료요구일자를 여유 있게 설정한다.

다른 예시로 방학 전에 보건실 침구류 세탁물 품의를 올리고, 개학 후 이불을 수령한 후 지출이 이루어지는 경우에도 일정에 맞게 완료요구일자를 넉넉하게 설정해 두면 이후 일정 변경이나 지연이 생겨도 무리 없이 진행할 수 있다.

예산 선택

예산 선택 단계에서는 사용하려는 예산 항목을 클릭한 후에 [확인] 버튼을 누른다.

품목 내역 입력

품목 내역은 [행추가+] 버튼을 눌러 직접 입력할 수 있다. 삭제할 때는 해당 항목의 체크박스를 선택한 후 [행삭제-] 버튼을 누르면 된다. 또한 이메딕 등 약품 구매 사이트에서는 에듀파인 업로드용 엑셀 파일을 제공하므로 이를 저장 후 에듀파인에 바로 업로드하면 훨씬 편리하다.

저장 및 결재요청

모든 내용을 입력한 뒤 [저장] 버튼을 누르면 [결재요청] 버튼이 활성화된다. 이후 [결재요청] 버튼을 클릭하면 문서관리카드 창이 자동으로 열린다.

문서관리카드 작성

문서관리카드에서는 다음 항목을 설정한다.

- 과제카드 선택: 품의하고자 하는 내용과 관련된 과제카드를 고르면 된다.
- 대국민 공개 여부 및 공개 제한 근거
- 결재경로 설정: 위임전결 규정에 따라 학교별로 결재경로는 다르게 설정될 수 있다. 일반적으로 행정실장을 '협조'로 지정하고, 소속 부장을 결재경로에 추가한다. 금액에 따라 교감, 교장까지 결재자로 설

정할 수 있다. 지출 담당 행정실 주무관은 '공람'으로 지정한다.

결재올림

모든 설정을 마쳤다면 [결재올림] 버튼을 클릭한다. 이때 본문에는 품의서에 작성한 내용이 자동으로 입력되며, 첨부파일란에는 지출품의서가 자동으로 첨부된다.

신규 임용자와 복직자가 챙겨야 할 것

결핵검진(흉부 엑스레이, 혈액검사): 1개월 이내 실시

신규 채용된 사람에 대해서는 신규 채용을 한 날부터 1개월 이내에 최초의 결핵검진 등을 실시해야 한다. 휴직·파견 등의 사유로 6개월 이상 업무에 종사하지 않다가 다시 업무에 종사하게 된 사람에 대해서는 다시 업무에 종사하게 된 날부터 1개월 이내에 결핵검진을 시행해야 한다. (『결핵예방법 시행규칙」 제4조)

즉 결핵검진(흉부 엑스레이)은 신규임용·복직자를 포함하여 전 교직원이 매년 1회 실시해야 하며, 잠복결핵검진(혈액검사)은 학교 소속 근무 기간 중 1회만 실시하면 된다(다른 기관·학교 등으로 소속을 변경하여 근무한 기간 포함). 따라서 잠복결핵검진을 이미 받은 이력이 있는 경우 매년 실시하는 결핵검진은 흉부 엑스레이 검사만 진행하면 된다.

성희롱·성폭력·성매매 연수: 2개월 이내

신규자로 임용된 사람은 임용된 날부터 2개월 이내에 교육을 실시해야 한다고 규정되어 있다(임용 후 기관 이동, 재계약자 등은 신규자에 해당하지 않음). 임용 전·후 신규자 관할 교육훈련기관에서 실시한 교육도 실적으로 인정된다. 복직자는 다른 교직원과 동일하게 12월 31일까지 이수하면 된다. (2026년 폭력예방교육 운영안내)

전입생이 오면 보건실에서 챙겨야 할 것

학생 건강조사 및 응급환자관리 동의서

학기 초에 학생 건강조사 및 응급환자관리 동의서를 교무실 전입생 담당자에게 전달하면 전입생에게 전입 관련 서류와 함께 해당 가정통신문이 제공된다. 회신된 가정통신문을 통해 학생의 건강 상태 및 건강 관련 유의사항 여부를 확인한다.

2, 3, 5, 6학년 신체발달상황(키, 몸무게) 및 시력검사 여부

나이스 건강기록부에서 신체발달상황 및 시력검사 실시 여부를 확인한다. 미실시 학생에 대해서는 보건실에서 측정 후 해당 결과를 나이스 건강기록부에 입력한다.

2, 3, 5, 6학년 소변검사 여부

나이스 건강기록부에서 소변검사 실시 여부를 확인하고, 미실시인 경우에는 빈칸으로 두거나 검사기관에 '미실시'로 입력한다. 만약 자비부담으로 소변검사를 해 온 경우 해당 병원의 검진 날짜와 병원명을 입력한다.

1, 4학년 건강검진 및 2, 3, 5, 6학년 구강검진 실시 여부

나이스 건강기록부에서 건강검진 및 구강검진 실시 여부를 확인한다. 학교 검진이 진행 중인 경우에는 기한 내 검진을 받을 수 있도록 안내하고, 검진이 마감된 경우에는 '미실시' 체크박스를 선택하여 저장한다. 만약 자비 부담으로 검진을 실시한 경우에는 해당 병원의 검진 날짜와 병원명을 입력한다.

1, 4학년 정서행동특성검사(보건교사가 업무 담당자인 경우)

전출 온 학교 담당자에게 해당 학생 검사 결과와 2차 의뢰 등 진행 상황을 공문으로 요청할 수 있다.

	1, 4학년	2, 3, 5, 6학년
가정통신문	학생 건강조사 및 응급환자관리 동의서	학생 건강조사 및 응급환자관리 동의서
신체발달상황 및 시력검사	-	신체발달상황(키,몸무게) 및 시력검사 실시 여부
소변검사	-	소변검사 실시 여부
건강검진	건강검진 및 구강검진 실시 여부	구강검진 실시 여부
정서행동 특성검사	정서행동특성검사 실시 여부 및 결과	-

외부 교육 신청

담임교사와 조율한 날짜와 교시를 업체에 신청(온라인 또는 유선)한다. 신청한 일자에 교육이 확정되면 확정 메시지를 담임교사에게 안내한다.

유료 교육의 경우 품의서를 작성하며, 작성 시 다음 서류를 첨부한다.

- 견적서
- 사업자등록증
- 통장 사본
- 교안

강사 수당은 「학교회계 예산편성 기본지침」 중 '예산편성지침으로 정하는 기준경비'의 4. 교육강사 수당(나. 지급 기준)과 5. 원고료 항목을 참고하면 된다.

출강할 강사에게 성범죄 이력 조회 동의서를 받아 교내 담당자를 통해 조회한다. 교내 주차 차난기가 있는 경우에는 차량번호를 미리 등록하고, 보안관실에 외부 강사 방문 일정을 메시지로 안내한다.

보건실을 운영하며

보건교사의 하루는 생각보다 빠르게 지나간다.

업무에 집중하다 보면 어느새 점심시간이 되고, 다시 분주하게 움직이다 보면 퇴근 시간이 다가온다.

방문하는 아이들이 많아 시간이 빠르게 흐르기도 하지만, 하루의 체감 난이도는 보건실을 둘러싼 환경에 따라 크게 달라진다.

특히 보건수업과 각종 보건 관련 사업을 포함한 보건실 운영은 학교의 상황과 관리자, 교직원들의 협조 정도에 따라 업무의 난이도와 부담이 크게 달라진다.

원활한 운영을 위해서는 교내 다양한 교직원과의 소통과 협의가 필수적이다.

이때 같은 일이 반복되거나 누군가가 여러 번 움직이지 않도록, 각자의 입장과 일정을 충분히 고려해 업무를 조율하는 것이 중요하다.

특히 학급 담임교사들의 일정은 보건실 운영 전반을 좌우하는 중요한 기준이 된다.

보건실 운영에는 정해진 방식이 없다.

자신의 방법만을 고수하기보다 동료 교직원들의 조언과 의견을 유연하게 수용할 때, 예상하지 못했던 새로운 업무 기술과 운영 노하우를 얻게 된다.

그 경험들은 보건교사로서의 일을 한결 수월하게 만든다.

보건교사 생활은 반복처럼 보이지만, 그 안에는 매일 다른 선택과 판단이 쌓여 간다.

그 경험들이 결국, 자신만의 보건실을 굴리는 힘이 된다.

PART 2

보건실 운영부터 수업까지 실무의 모든 것

CHAPTER 04

보건실 운영 꿀팁 & 노하우
_ 몰라도 돌아가지만 알면 편해요

각종 현황 관리 _ 구글 스프레드시트를 활용하자

구글 스프레드시트는 엑셀과 유사한 기능을 갖춘 실시간 협업이 가능한 자동저장 프로그램이다. 결핵검진 실시 현황, 감염병 예방 연수 이수 현황, 소변검사, 이동수업 시간표, 교직원 심폐소생술 이수증 발급 여부 현황 등 다수를 대상으로 수합이 필요한 대부분의 업무에 구글 스프레드시트를 활용한다. 단순 입력뿐만 아니라 드롭다운과 체크박스를 활용하면 데이터를 더 가시적이고 직관적으로 표현할 수 있다.

이 링크들은 교무실무사의 협조를 받아 쿨메신저 링크 게시 기능을 통해 올리면 구글 스프레드시트 쉽게 접속하도록 할 수 있다. 내부 결재가 필요할 때는 [파일 → 다운로드 → 엑셀/PDF]에서 원하는 양식으로 다운받아 공문서에 첨부하면 된다.

예시로 한 학년도 보건 관련 일정과 연수를 정리할 수 있다. 매년·매달 수행해야 하는 업무는 진행 상황에 따라 드롭다운(시작 전 / 진행 중 / 완료 / 해당 없음)으로 설정하여 관리할 수 있으며, 매년 이수해야 하는 연수 목록은 체크박스를 활용해 이수 여부를 표시할 수 있다.

드롭다운은 설정하고자 하는 칸에서 우클릭 [드롭다운] – 원하는 색과 제목으로 항목을 추가하면 된다. 선호에 맞게 구글 스프레드시트에서 제공하는 템플릿을 활용할 수 있다.

(사례 1) 매년 이수해야 할 의무교육 체크리스트

	법정의무연수		
1	장애 인식 개선 교육	연 1회 이상	□
2	장애인 학대·성범죄 예방 및 신고의무 교육	연 1시간 이상	□
3	아동학대 예방 및 신고의무 교육	연 1시간 이상	□
4	학교폭력 예방 교육	학기별 1회 이상	□

...

★ '법정의무연수 목록' 사본 만들기 링크

(사례 2) 월별 업무 체크리스트

- 3월 예시

할 일	진행 상황	메모
AED 점검	완료됨	패드 유효 기간: 00.00.00
인적 사항 생성	진행 중	

요보호 조사	계획	진행 중	
	가정통신문	시작 전	3월 개학 전 미리 준비
	통계표 수합	시작 전	
	건강 상담	시작 전	
	요보호 명단	시작 전	

- 4, 5월 예시

할 일		진행 상황	메모
AED 점검		완료됨	
교직원 성 연수 안내		진행 중	
신체발달상황 검사	계획	완료됨	
	가정통신문	진행 중	
	담임교사 안내	진행 중	
	나이스 입력 안내	진행 중	
	요보호 명단	시작 전	

★ '보건 일정' 사본 만들기 링크

(사례 3)

매년 의무 검진인 결핵검진(흉부 엑스레이) 현황을 확인하기 위해 온라인 작성 링크를 공유하여 실시간으로 작성할 수 있도록 한다. 매년 시행하는 흉부 엑스레이가 아닌 신규 채용 등으로 검진이 필요한 일회성 잠복결핵검진(혈액검진) 여부는 드롭다운(선택박스)을 활용해 O, X로 표시할 수 있게 하거나 검진 병원명과 검진 날짜를 입력할 수 있게 설정하면 편리하다.

결핵검진비 지원을 위한 영수증 제출 여부(O, X)를 추가하여 업무에 참고할 수도 있다.

검진 안내와 함께 구글 링크를 쿨메신저와 같은 교내 메신저를 통해 안내한다. 교무실무사의 협조를 받아 쿨메신저 링크 게시 기능을 통해 올리면 구글 스프레드시트에 쉽게 접속할 수 있다.

학년 반 (직위)	성명	검진기관	검진날짜	올해 잠복결핵검진한 경우	
				검진기관	검진날짜
교장					
교감					
1-1					
1-2					

★'결핵검진 실시 현황' 사본 만들기 링크

(사례 4)

감염병 예방 연수나 성희롱·성폭력·성매매 연수와 같이 이수 현황 조사가 필요할 때 아래와 같이 표를 구성한 온라인 링크를 공유하면 손쉽게 현황을 수합할 수 있다. 이때 스크롤을 내리다 보면 연수명, 이수일자 등 항목이 화면에서 사라지는 불편함이 생길 수 있다. 이를 방지하기 위해 '행 고정'기능을 사용하면 편리하다.

행 고정 방법은 먼저 고정하고 싶은 행을 행과 열 번호까지 블록(예, 행1, 열

A~G까지)으로 선택한다. 그리고 마우스 우클릭 → [행 작업 더보기] → '~행 까지 고정'을 선택한다. 이렇게 하면 스크롤을 내려도 상단의 제목 행이 계속 표시되어 데이터를 확인하거나 입력할 때 훨씬 수월해진다.

학년 반 (직위)	성명	이수 여부	연수명	이수일자	교육기관	이수번호
교장		☑				
교감		☑				
1-1		☑				
1-2		☑				

★ '연수 이수 현황' 사본 만들기 링크

(사례 5) 2, 3, 5, 6학년 신체발달상황 및 시력검사 측정

구글 스프레드시트를 활용하면 키·몸무게 측정 및 시력검사 일정을 효율적으로 관리할 수 있다. 2025년은 특히 4학년 PAPS가 도입되면서 측정 대상 인원이 많아져 학급별로 일정을 분산하는 데 구글 스프레드시트가 큰 도움이 되었다.

먼저 구글 스프레드시트에 각 학급의 가능한 시간을 동시에 수합·정리한다. 이 시트를 기반으로 각 학년 담임교사가 직접 확인하여 희망 일정이 다른 학년과 겹칠 경우에는 해당 학년 간에 직접 협의·조정하여 입력할 수 있다. 이처럼 학년별로 자율적으로 조정이 가능해 일정 관리가 훨씬 효율적이고 원활하게 진행된다.

아래 사례는 담임교사에게 링크를 공유하기 전에 측정 장소로 사용할 특별실의 이용 현황을 참고하여 이용이 불가능한 시간을 먼저 표시하였다. 그 후 각 학년 담임교사가 쿨메신저를 통해 시트를 확인하고, 자신의 학급이 측정할 수 있는 교시에 직접 '학년·반'을 입력할 수 있도록 하였다.

측정 가능 교시 입력	4월 둘째 주					4월 셋째 주		
	4/6(월)	4/7(화)	4/8(수)	4/9(목)	4/10(금)	4/13(월)	4/14(화)	....
1교시			3-3			3-1	4-2	
2교시	이용 불가	2-2	이용 불가	이용 불가		이용 불가	4-3	
3교시	이용 불가	6-1	이용 불가	이용 불가		이용 불가	4-1	
4교시	이용 불가	6-2	5-3	2-1		이용 불가		
5교시	이용 불가	2-3	6-4	3-4		이용 불가	4-4	6-3
6교시	이용 불가	3-2	5-2			이용 불가		

★ '2, 3, 5, 6학년 신체발달상황 및 시력검사 측정' 사본 만들기 링크

(사례 6) 2, 3, 5, 6학년 소변검사 사본 만들기

2, 3, 5, 6학년 소변검사 시 검사 요원이 참고할 수 있도록 학급별 이동 시간표를 수합하였다. 소변검사는 보통 오전 9시부터 저학년을 시작으로 점심 전까지 마무리되므로 이를 반영하여 1~4교시 동안의 수업 장소와 담당 교사를 입력할 수 있도록 구성하였다.

담임교사는 본인의 수업 시간표를 실시간으로 입력하고, 변경 사항이 있으면 즉시 수정할 수 있다. 모든 입력이 완료되면 해당 화면을 출력(파일 - 인쇄)하여 검사 요원에게 제공한다. 이를 통해 검사 요원은 학급별로 측정할 수 있는 시간대를 한눈에 확인할 수 있으며, 빈 교실에서 대기하지 않아도 되어서 효율적인 검사 일정 조정이 가능하다.

2학년	2-1	2-2	2-3	2-4
1교시	과학실(담임)	체육관(교과)	영어실(교과)	교실(담임)
2교시	영어실(교과)	교실(담임)	교실(담임)	교실(담임)
3교시	교실(담임)	교실(담임)	컴퓨터실(담임)	교실(담임)
4교시	텃밭(담임)	보건교육실(교과)	교실(담임)	체육관(교과)
3학년	3-1	3-2	3-3	3-4
1교시				
2교시				
3교시				
4교시				
5학년	5-1	5-2	5-3	5-4
1교시				
2교시				
3교시				
4교시				
6학년	6-1	6-2	6-3	6-4
1교시				
2교시				
3교시				
4교시				

 ★ '2, 3, 5, 6학년 소변검사' 사본 만들기 링크

(사례 7) 보건교육실 이용 현황

교과수업 등으로 보건교육실 사용 현황에 대해 문의가 들어오는 경우가 있다. 하지만 보건교육실은 교육과정에 따라 사용 일정이 달라 보건교사 혼자서는 정확한 파악이 어려울 때가 있다. 이에 따라 구글 스프레드시트를 통해 사용 현황을 수합하고, 이를 공유하여서 누구나 확인할 수 있도록 안내하고 있다. 이 링크를 공유하자 다른 특별실의 사용 현황도 함께 확인할 수 있도록 추가할 수 있는지 요청이 있었다. 현재는 보건교육실뿐 아니라 다목적실, 음악실, 컴퓨터실, 강당 등 여러 특별실의 이용 현황이 한 시트에 통합되어 관리되고 있다.

보건교육실	월		화		수		목		금	
	1학기	2학기	1학기	2학기	1학기	2학기	1학기	2학기	1학기	2학기
1교시	5학년 과학						4학년 과학		목공 수업	
2교시	5학년 과학		보건 수업	보건 수업	보건 수업	보건 수업	4학년 과학		목공 수업	
3교시	5학년 과학		보건 수업	보건 수업	보건 수업	보건 수업			목공 수업	
4교시	5학년 과학								목공 수업	

★ '보건교육실 이용 현황' 사본 만들기 링크

(사례 8) 코로나 유행 당시 교내 감염병 환자 관리

연번	학년반	이름	성별	등교일	검사일	검사 종류		재확진 여부	돌봄/방과 후 여부	등교가 능일
						PCR	RAT			

★ '코로나-교내 감염병 환자 관리' 사본 만들기 링크

(사례 9) 백일해 유행 당시 역학조사 협조

연번	확진자 정보				접촉자							
	학년반	이름	성별	최종 접촉일 (마지 막 등 교일)	학년반	이름	성별	생년월 일	환자 접촉 장소	연락처	주소	접촉자 구분 (학생/ 교사)

★ '감염병 역학조사' 사본 만들기 링크

(사례 10) 보건실 정비(의약품, 비품 구입 및 관리)

약품의 유효 기간을 관리하는 일은 보건실 운영에서 매우 중요한 부분이다. 하지만 실제로는 약품박스에 적힌 날짜를 하나하나 확인해야 하다 보니 번거롭고, 바쁜 시기에는 유효 기간이 지난 약품을 미처 발견하지 못하는 경우도 생긴다.

이를 방지하기 위해 약품을 새로 구입하고, 배송이 도착하면 주문서에 적힌 수량이 실제 물품과 일치하는지 확인하면서 주문서에 유효 기간을 약품명 옆에 함께 표시해 놓는다. 이렇게 적어둔 정보를 구글 스프레드시트에 옮겨 정리하면 약품명·수량·유효 기간을 한눈에 확인할 수 있다.

특히 구글 스프레드시트에서 2026년, 2027년, 2028년 등 연도별로 칸을 나누어 정리해 두면 유효 기간이 임박한 약품을 쉽게 구분할 수 있어 폐기나 재구매 시기를 놓치지 않고 관리할 수 있다.

구분	약품명	성분	수량	2026년	2027년	2028년
진통해열제	콜대원키즈펜시럽	아세트아미노펜	8	26.11.06.	27.02.15	28.09.19. 28.09.24.
	어린이부루펜시럽	이부프로펜	5	26.10.22.	–	–
소화계	백초시럽플러스	한방약재	3	–	27.08.22.	28.02.20. 28.05.26.

 ★ '보건실 약품 현황' 사본 만들기 링크

전 학년 대상 흡연 예방 교육 자료를 구입·배부할 계획이라면 교사 선호도를 사전에 조사하는 방법도 효과적이다. 이때 구글 스프레드시트를 활용하면 편리하다.

구매를 고려 중인 여러 교육 자료의 사진과 간단한 설명을 항목별로 구글 스프레드시트에 입력하고, 교사가 선호하는 자료에 숫자 '1'을 표시하도록 안내한다. 이후 SUMIF(또는 SUM) 함수를 설정해 선택 결과가 자동 집계되도록 한다.

예를 들어 '흡연 예방 무드등'을 선택한 교사 수를 집계하려면 '=SUM(C3:C10)'과 같이 입력하여 C열 3행부터 10행까지 입력된 '1'을 자동 합산할 수 있다. 이 방법을 활용하면 교사들의 선호도를 한눈에 파악할 수 있어 교육 자료 구매 결정과 배부 계획을 보다 효율적이고 체계적으로 수립할 수 있다.

메일머지 _ 라벨은 한꺼번에 만들어 출력하자

학년·반, 이름, 신체검사 결과, 예방접종 내역 등 개인정보만 다르고 내용은 동일한 서식을 여러 사람에게 발송할 때 많은 양의 단순 반복 작업을 메일머지 기능으로 간단히 처리할 수 있다.

(사례) 신체발달상황 및 시력검사 결과 안내, 초·중학교 입학생 예방접종 확인 사업

학생별 신체발달상황 및 시력검사 결과를 가정통신문으로 안내할 때는 메일머지 기능을 활용하면 효율적이다. 가정통신문(한글 파일)에 학년·반·번호,

이름, 키, 몸무게, 비만도, 시력(좌, 우)를 메일머지 항목으로 설정하면 학생별 내용을 개별 수정하지 않아도 맞춤형 가정통신문이 자동으로 삽입·출력된다.

이 방법은 예방접종 확인 사업에서도 동일하게 활용할 수 있으며, 학년·반·번호, 이름, 접종 완료 차수 및 미접종 내역을 가정에 안내할 때에도 적용 가능하다.

① 한글 파일에서 메일머지 표시 달기: 가정통신문 서식에서 개별 데이터 입력이 필요한 곳(학년·반·번호, 이름, 키, 몸무게, 비만도, 시력)에 커서를 놓고 [도구 → 메일 머지 → 메일 머지 표시 달기]를 실행하여 [주소록 필드 선택하기] 또는 원하는 내용을 [필드 만들기]에 입력하면 {{ }} 표시가 생성된다.

② 데이터 파일(엑셀 파일) 준비: 엑셀 파일에 학년·반·번호, 이름, 키, 몸무게, 비만도, 시력의 데이터 내용을 입력한다. 이때 한글파일에 메일머지로 표시한 '몸무게', '비만도' 등의 항목명은 엑셀파일의 데이터 제목에도 '몸무게', '비만도'로 동일하게 설정해야 한다. 항목명이 일치하지 않을 경우 메일머지가 정상적으로 적용되지 않는다.

③ 메일머지 만들기: 한글 파일에서 [도구 → 메일 머지 → 메일 머지 만들기] → (자료 종류)한셀/엑셀 파일 선택 후 데이터 입력된 엑셀 파일 첨부 → (출력 방향)프린터 선택 → [만들기]

④ 시트 목록 sheet1 [선택] → 주소록 레코드 목록 모두 활성화된 상태로 [선택] 클릭하면 인쇄가 시작된다. 이때 작성한 엑셀 데이터 파일은 창을 닫고 인쇄해야 정상 출력된다.

⑤ 반별로 출력된 가정통신문을 배부한다.

예시

	A	B	C	D	E	F	G	H	I	J
1	학년	반	번호	이름	키	몸무게	비만도	시력(좌)	시력(우)	
2	2	1	5	김OO	131.5	33	정상	2.0	2.0	예시
3										
4										
5										

제　　　{{학년}}학년　　　{{반}}반　　　{{번호}}번　　이름 : {{이름}}

구분	측정치		
키	{{키}}　　　cm	**몸무게**	{{몸무게}}　　　kg
비만도	저체중, 정상, 과체중, 비만 중 (　　{{비만도}}　　)		
시력	좌　　{{시력(좌)}}	우	{{시력(우)}}
측정된 시력이 0.7 이하면 안과검진요망			
기타	- 안경을 쓴 아동은 안경을 쓰고 측정한 수치 - 연령별 체질량 지수에서 비만 판정 기준은 　BMI가 연령별 비만시작값 이상 또는 25kg/m2 이상일 때		

범정부오피스 _ 문서 작업을 자동화하자

범정부오피스는 공문서 작성의 효율성을 높이기 위해 개발한 문서 편집 자동화 도구이다. 반복적인 공문서 편집 작업을 간소화·자동화하여 업무 효율성이 올라간다. 서체, 글자 크기, 줄 간격·자간 조절, 차트 자동화, 공문서 서식 등 다양한 기능을 클릭 한두 번 만에 처리할 수 있다.

혁신 24(행정안전부 운영 정부혁신 공식 웹사이트) 홈페이지에서 자료실 → 정책자료 → 교육콘텐츠 → [공무원 보고서 편집 자동화, 범정부오피스]

를 다운로드받을 수 있다.

범정부오피스를 실행하면 우측 상단에 도구 모음이 표출된다. 사용 방법은 인터넷으로 검색하면 나오는 범정부오피스 가이드북이나 가이드 영상을 참고한다.

폰트, 글자 크기, 내어쓰기 등 클릭 한 번에 지정이 가능하고, 제목과 소제목, 참고, 글상자 등 다양한 표 서식을 바로 적용할 수 있다. 무려 1,000가지가 넘는 기능이 포함되어 있으며, 몇 가지 기능을 소개하면 아래와 같다.

- 서식 자동화: [기본서식] - 다양한 표, 제목, 조직표, 보고서 작성
- 계산 자동화
- 숫자를 한글로 바꾸기: 숫자 드래그 → [블록] → 금액 한글화

  (금액이 자동으로 한글화 278,600원 → 금278,600원(금이십칠만팔천육백원))

- 글자 간격 조절(어절이 잘리지 않게 글자 간격 자동 조절): 문장 드래그 →

  [글자] → 문장 ↔

- 글머리 복사(일일이 복사 붙여넣기 할 필요 없이 자동 생성): [글자] → ⋮

  ☰ 복사

- 복사 붙여넣기를 한 엑셀 표 정리(한글 파일에 그대로 붙여넣으면 생기는 여백, 선 등 자동 정리): [표] → 엑셀

- 표의 셀 테두리 설정(테두리 굵게, 없애기 / 병합 / 색 채우기 등): [표, 표제부]

- 학교 시험문제(시험지 편집 자동화하여 서식 및 접수 합산 기능): [편리] →

  학교 시험문제

- 특수문자 입력(아라비아 숫자, 괄호 숫자, 겹낫표 등 모음) : [글자]

- 여러 장의 사진 표에 일괄 입력

- 날짜 계산, 주민등록번호 앞자리 변환

(사례) 계획서를 쉽게 작성하자

학기 초에는 학교보건 운영 계획 등 다양한 보건 관련 계획서를 작성하게
된다. 보통 전년도 계획서를 참고하여 최신 지침이나 변경된 내용을 반영하
면 되지만, 막상 문서를 열어보면 문장 구조나 서식이 깔끔하지 않아 눈에
계속 걸리는 부분이 생긴다. 그러다 보니 단순히 내용만 수정하려던 계획이
문서 전체를 정리하고 다듬는 작업으로 이어지는 경우가 많아 예상보다 훨
씬 많은 시간이 소요되기도 한다.

작업에 필요한 기능을 사용하기 위해 일일이 드래그하거나 우클릭 후 설정
하거나 도구 모음에서 찾아야 하는 번거로움이 있는데, 범정부오피스를 활
용하면 각종 공문서나 가정통신문을 작성할 때 훨씬 간편하고 효율적으로
작업할 수 있다.

4세대 나이스 보건 사용자 매뉴얼 _ 저 여기 있어요!

나이스는 자주 사용하더라도 매번 헷갈리거나 원하는 항목을 바로 찾
기 어려운 경우가 있다. 그리고 업무포털 어딘가에 나이스 사용자 매뉴얼
이 있다는데, 파일 위치도 찾기 쉽지 않다.

다음 경로를 따라가면 사용자 매뉴얼을 빠르게 찾을 수 있다.

- 업무포털 메인 화면 상단 메뉴 → [나이스광장] → [자료광장] → [사
  용자설명서] 클릭 → 등록일을 약 2~3년 전으로 변경 → 업무구분을
  (교무업무→보건)으로 선택 → 원하는 사용자 매뉴얼 다운로드

PDF24 _ PDF 작업, 너 생각보다 간단하구나!

PDF24는 별도의 앱 설치 없이 웹에서 바로 사용할 수 있는 무료 온라인 PDF 도구로, PDF 병합·편집·변환 기능을 간편하게 제공한다.

알PDF 등 다른 프로그램을 사용할 수도 있지만, PDF24는 설치 과정 없이 즉시 이용 가능하며 다양한 파일 형식 변환, 간단한 편집 기능, 빠른 처리 속도가 장점이다. 파일을 드래그하는 것만으로 변환·압축이 가능해 사용이 편리하다.

예를 들어 단원별 보건수업 자료를 PDF로 제작해 학급 배부용 자료로 활용할 때, PDF 자료 중 필요한 페이지만 추출할 때, 대용량 자료를 압축해 공문에 첨부해야 할 때 등 다양한 상황에서 유용하게 활용할 수 있다.

각종 계획서, 가정통신문, 업무 서식 _ 교육청 서식을 활용하자

인근 학교 자료를 참고하거나 필요한 내용을 임의로 추가해 서식을 새로 만들기보다 교육청 보건업무지침서에 수록된 공식 서식을 활용하는 것이 효율적이다. 임의로 서식을 제작할 경우 필수 항목이 누락될 가능성이 있고, 처음부터 끝까지 내용을 검토해야 하므로 업무 부담이 커질 수 있다.

교육청 보건업무지침의 예시 서식을 기본 틀로 삼아 필요한 부분만 수정·추가하면 새로 서식을 만들 필요가 없어 업무 시간이 단축되고 문서 완성도도 높아진다. 또한 교육청에서 검토·승인한 서식이므로 필수 항목

누락 위험도 줄일 수 있다.

각종 보건 관련 연수물 _ 자료집으로 묶어 제공하자

학기 초에 교직원 대상 보건 관련 연수 자료를 한 번에 모아 배부하면 업무 효율을 높일 수 있다. 특히 감염병 대응과 학교안전공제는 매년 연수로 안내하더라도 담임교사로부터 반복적인 문의가 자주 발생하는 분야이다.

이때 연수 자료를 '보건 관련 연수 자료집'으로 묶어 제공하면, 교직원이 필요할 때마다 참고할 수 있어 보건실로 개별 문의하는 상황을 효과적으로 줄일 수 있다.

❶ 안전공제회 처리 절차

접속 링크, 학교 아이디 & 비번, 사고통지 방법, Q&A 등

❷ 학교응급관리체계

응급환자 발생 시 교직원 행동강령, 담당자별 세부 업무, 보건교사 부재(수업, 출장 등) 시 대응 방안, 교내 AED 위치, 학교 인근 의료기관 정보, 교직원 응급처치 교육, 보건실 약품 관리(타인 전달 불가 등), 아나필락시스 등 상황별 대처 방법

❸ 감염병 예방 및 관리

감염병대응체계조직도, 법정감염병 종류(출석 인정 가능한 감염병), 학생들이 주로 걸리는 감염병 및 등교 중지 기간, 법정감염병 확인하는 방법, 의심 증상 발생 시 보건교사에게 통보, 감염병 대응 모의훈련 등

❹ 결핵 예방 및 흡연예방

> - 결핵 예방: 결핵에 대한 전반적인 내용, 매년 필수 검진, 잠복 결핵
>   과의 차이 등
> - 흡연 예방: 국민건강증진법에 따른 학교 및 학교 주변 금연 구역, 간
>   접 흡연, 흡연의 폐해 등

보건수업 계획 _ 학기 초에 미리 조율하자

학기 초에 교육과정 및 교실 사용 계획이 완전히 확정되기 전에 보건수업 시간을 먼저 확보해 두는 것이 좋다. 1교시나 점심시간 전후처럼 아픈 학생 방문이 많은 시간대는 가급적 피하고, 학교 연간 교육과정을 참고하여 학부모 공개수업, 동료장학 등 주요 일정이 포함될 수 있도록 계획한다.

보건수업 기간과 시간은 해당 학년 보건수업 담당(부장) 교사와 사전에 협의하여 조정한다. 특히 보건교육실은 교과 수업이나 외부 강사 프로그램으로 활용되는 경우가 많으므로 보건교사와 협의 없이 일정이 고정되지 않도록 학기 초에 수업 학년 담당 교사에게 희망하는 보건수업 시간을 신속히 전달하는 것이 중요하다.

아울러 2학기 수업 일정도 학기 초에 함께 구상해 두면, 학기 중 갑작스러운 일정 변경으로 인한 혼선을 줄이고 보건수업과 보건실 운영을 안정적으로 병행할 수 있다.

학급 약품 가방 배부 _ 의약외품으로 채우자

학급용 약품 가방의 배부 여부는 학교나 보건교사마다 다소 차이가 있다. 다만 의약품은 반드시 보건교사만 취급해야 하므로 학급용 약품 가방은 의약외품으로만 구성하는 것이 원칙이다.

약품 가방의 기본 구성품 예시는 다음과 같다.

- **학급용 약품 가방**: 휴대와 보관이 편리한 크기(눈에 띄는 빨간색)
- **연고**: 작은 상처나 피부 트러블에 사용
- **밴드**: 상처 보호 및 간단한 응급처치용
- **면봉**: 상처 청결, 연고 도포용
- **벌레 물린 데 바르는 제품**: 여름철 교실 및 운동장에서 발생할 수 있는 벌레 물림 대비

이와 같이 구성하면 학급에서도 간단한 상처나 불편함에 신속하게 대응할 수 있다.

※ 참고 사이트: 이메딕, 힐링샘, 오렌지팜, 스마일 몰
　 의약외품으로 구성된 제품 페이지를 참고하면, 학급용 약품 가방 구성에 도움이 된다. 일부 의약외품은 지마켓 등에서도 구입 가능하다.

CHAPTER 05

아이들과의 미묘한 신경전
_ 보건실 상황별 대응 & 멘트

보건실 근무를 하다 보면 일부 학생들의 행동에 당황스러울 때가 있다. 예를 들어 처치대를 만지거나 업무 공간을 허락 없이 침범하고, 창밖에 있는 친구를 크게 부르거나 대기 중 장난을 치며 떠드는 경우가 있다.

이러한 행동을 인지하고도 학생들과 직접 마주하는 불편함을 피하기 위해 그냥 넘어가면 오히려 그 행동은 점점 강화된다. 또한 다른 학생들에게도 "이 정도는 해도 되는구나"라는 잘못된 인식을 주어 결국 보건실 운영이 더욱 어려워질 수 있다. 나 역시 '이 순간만 지나가면 되겠지' 하며 모른 척 넘긴 적이 있었다. 그러나 그런 태도가 반복되자 상황은 더 심각해졌다. 아이들은 교사가 어디까지 허용하는지를 빠르게 파악하기 때문에 한 번 눈감아주면 그 경계는 쉽게 흐려질 수 있다.

이제는 보건실에서 부적절한 행동이 보이면 즉시 바로잡고, 같은 행동이 반복될 때마다 일관성 있게 지도하려고 노력하고 있다. 이러한 과정을 통해 아이들이 보건실은 장난치거나 떠들 수 있는 공간이 아니라, 예의를 지키며 도움을 받는 공간임을 자연스럽게 인식하도록 하고자 한다.

물론 일부 학생들은 교사와 기싸움을 하듯 행동하기도 한다. 이때 교사가 화를 내거나 감정적으로 반응하면 오히려 그 아이의 의도에 말려들기 쉽다. '왜 나에게 이렇게 행동할까' 하고 개인적으로 받아들이거나 언성을 높이는 방식은 상황을 해결하는 데 도움이 되지 않는다. 대신 이런 학생들 역시 보건실의 규칙을 지킬 수 있도록 안내한다는 마음으로 차분하게 접근하는 것이 필요하다.

아직도 시행착오를 겪는 과정이지만, 다양한 방법을 시도하며 나만의 대응 방식을 만들어 가고 있다. 그중에서도 공통적으로 효과적인 방법은 학생의 이름을 불러 시선을 맞춘 뒤 차분하게 말하는 것이다.

보건실 침대에 누워버리는 아이

간혹 학급에서도 통제가 어려운 고학년 학생의 경우 보건실에 들어오자마자 대기 의자나 안정실 침대에 허락 없이 갑자기 누워버리기도 한다. 당시에는 다른 학생을 처치하는 중이라는 이유로 그저 "눕지 마세요"라고 가볍게 말하며 넘어간 적도 있었다.

하지만 그렇게 대응하자 그 학생은 보건실에 올 때마다 더욱 자연스럽게 눕는 행동을 반복했고, 그 모습이 점점 당연한 것처럼 굳어졌다. 그 순간 이 장면을 지켜본 다른 아이들 역시 '보건실에서는 저런 행동을 해도 되는구나'라고 받아들일 수 있겠다는 생각이 들어 대응 방법을 고민하고 실제로 실행해보게 되었다.

대응 방법: 공감 + 이유 설명

다른 학생들이 있는 앞에서 말하면 공개적으로 혼난다고 생각할 수 있으므로 공간을 분리하여 안정실에 앉도록 한다.

❶ 눈을 마주쳐 선생님 인식하게 하기

"○○아, 선생님 눈을 보세요."

아이의 이름을 부르며 선생님 눈을 바라보도록 유도한다. 만약 시선을 피하거나 다른 곳을 본다면 다시 이름 부르며 시선을 맞춘다. 이 과정을 통해 아이가 선생님이 자기를 보고 있고, 지금은 장난이 아니라 진지한 상황이라는 것을 인식하게 된다.

❷ 공감하기

"○○이가 침대에 눕고 싶고, 잠깐이라도 쉬고 싶은 마음 충분히 이해해. 그럴 수 있지."

먼저 공감해 주면 아이가 이해받고 있다는 느낌을 받아 마음을 열게 된다. 즉시 제지하기보다 감정을 인정해 주면 반발심이 줄고 이후 지도를 받아들일 가능성이 높아진다.

❸ 안 되는 이유 설명하기

"하지만 선생님이 누워도 된다고 하지 않았지? 선생님 허락 없이 눕는 건 안 되는 거야. 이런 행동은 '보건실에서는 그냥 누워도 되는구나!' 하고 다른 친구들에게도 영향을 줄 수 있어. 그러면 보건실 질서가 흐트러지고, 선생님이 아픈 학생을 제대로 돌보기 어려워져. 자리에 앉아서 순서를 기다리면 선생님이 ○○이 상태를 보고 필요한 치료를 해줄 거야."

단순히 "안 돼"가 아니라 왜 안 되는지, 어떤 영향을 미치는지를 구체적으로 알려주면 규칙을 지키는 것이 '나를 위한 일'이자 '서로를 위한 약속'이라는 점을 이해하게 된다.

❹ 다시 같은 행동을 한다면

만약 공감과 설명 이후에도 아이가 또다시 침대에 눕거나 같은 행동을 반복한다면 즉각적이고 단호한 제재가 필요하다. 이때 중요한 것은 감정을 섞지 않는 것이다. 화난 표정이나 목소리로 대응하면 아이는 교사의 감정에 반응하게 되어 상황의 본질(규칙 위반)보다 감정싸움으로 번질 수 있다. 따라서 차분하지만 단호한 태도로 짧고 명확하게 말한다.

"여긴 선생님의 영역이야. 선 넘지 말고 나가서 앉아."

이처럼 냉정하고 일관된 태도로 대응하면 아이에게 '이 공간에는 분명한 기준이 있다'라는 메시지를 전달할 수 있다. 한두 번의 제재로는 달라지지 않지만, 즉시·반복적으로 단호하게 대응하면 점차 보건실의 질서가 자연스럽게 유지된다.

처치대를 만지거나 처치 과정을 보는 아이들

치료 과정을 궁금해하며 옆에서 지켜보거나 처치대를 만져보는 아이들이 종종 있다. 처음에는 '호기심이 많구나' 하고 그냥 두었는데, 그 모습을 본 다른 아이들은 그렇게 생각하지 않았던 것 같다. 어느 날 한 여학생이 그 친구에게 "여기 보건실이야. 앉아야지."라고 말하는 것을 들으며 이런 행동들도 결국 보건실의 질서를 흐트러뜨리는 모습으로 보일 수 있겠구나 하는 생각이 들었다. 그때부터는 단순한 호기심이라도 보건실에서는 지켜야 할 기본 예절이 있음을 아이들에게 명확히 알려주려고 노력하고 있다.

대응 방법: 이유 + 해야 할 행동(규칙)

❶ 눈을 마주쳐 선생님 인식하게 하기

"○○아, 선생님 눈을 보세요."

아이의 이름을 부르며 선생님 눈을 바라보도록 유도하여 선생님을 인식하도록 한다.

❷ 이유 설명 + 해야 할 행동

"여긴 선생님이 일하는 공간이야. 자리에 앉아서 기다리자."

"거기 서 있으니까 선생님이 친구 치료하는데 신경이 쓰이네. 자리에 앉아 있자."

이처럼 친절하지만 단호한 말투로 이곳이 교사의 업무 공간임을 분명히 인식시킨다. 아이가 단순히 궁금해서 다가온 것이라 하더라도 처치 공간은 안전과 위생이 중요한 곳이기 때문에 함부로 접근해서는 안 된다는 점을 알려준다. 즉 혼내기보다는 질서의 경계를 알려주는 방식으로 접근한다.

장난치며 떠드는 아이들

여러 아이가 한 공간에서 동시에 말하면 소리가 뒤섞여 정작 아픈 친구의 이야기가 잘 들리지 않는다. 이렇게 문진이 원활하지 않으면 정확한 증상 파악이 어려워지고, 치료의 흐름도 끊기게 된다. 특히 한두 명이 장난치거나 떠들기 시작하면 다른 아이들도 자연스레 분위기에 휩쓸려 '떠

들어도 되는구나'라고 생각하게 된다. 그 결과 보건실 전체가 금세 소란스러워지기 쉽다.

이런 상황을 예방하기 위해 아이들의 한두 마디 말이라도 즉시 지적하여 조용히 대기하도록 지도하고 있다. 조용한 분위기를 유지하기 위해 큰 에너지를 쓰지 않고도 아이들을 진정시킬 수 있는 짧고 단호한 멘트를 활용한다.

대응 방법: 상황 알려주기 + 해야 할 행동(규칙)

아이의 눈을 바라보며 차분하게 말한다.

"여기 보건실이야."

"보건실은 이야기하러 오는 곳이 아니지? 이야기는 밖에서 하고 들어오자."

"너희 목소리 때문에 아픈 친구 목소리가 잘 안 들려요. 목소리를 조금만 줄이자."

이런 멘트들은 간단하지만 보건실의 공간적 특성과 규칙을 다시 인식시키는 데 효과적이다. 그런데도 한 번의 주의 후에도 같은 행동을 반복한다면 '쓰리 아웃 제도'처럼 단계별 경고를 한다.

"선생님이 아까 첫 번째 말했지? 지금 두 번째야. 세 번째가 되면 ○○이는 이번 시간 치료 못 받고 다음 시간에 와야 해."

이렇게 명확히 단계와 결과를 예고하면 아이들도 스스로 행동을 조절하는 경향이 있다.

정말로 세 번째가 되었을 때는 원칙대로 다음 시간에 오도록 한다. 이는 단순한 벌의 의미가 아니라 보건실은 치료를 받는 공간이며, 그에 맞는 태도가 필요하다는 것을 경험을 통해 배우게 하는 교육적 조치이다. 치료받는 친구뿐 아니라 대기 중인 아이들 그리고 교사의 업무 집중도에도 영향을 주기 때문에 질서 유지는 반드시 필요하다.

만약 세 번째 경고를 받은 아이가 당황하거나 나가길 망설일 때는 부드럽지만 단호하게 선택지를 준다.

"지금 치료받을 거야? 아니면 다음 시간에 올래?"

이처럼 선택권을 주면 대부분의 아이들은 조용히 자리를 지키며 차례를 기다리다가 치료를 마친다.

결국 보건실에서의 규칙은 '아픈 친구를 배려하는 태도'를 기르는 것과 맞닿아 있다.

"핫팩 붙여주세요" 스스로 처방 내리는 아이들

보건실을 방문하는 아이 중에는 자신이 원하는 치료나 처치를 미리 정해두고 오는 경우가 많다.

"핫팩 주세요.", "누워서 쉬면 나을 것 같아요."

이렇게 구체적인 요청을 하는 경우가 대표적이다. 하지만 보건실에서는 단순히 아이의 요구만으로 조치를 결정하지 않는다. 겉보기에 간단해 보이는 핫팩 제공이나 침상안정도 문진, 활력징후 측정, 증상 관찰 등 여러 요소를 종합적으로 판단한 뒤에 시행한다.

아이들의 주관적 불편감은 존중하되, 객관적인 상태 확인을 통해 가장 적절한 조치를 취하는 것이 보건교사의 역할이다.

대응 방법: 공감 + 규칙

❶ 침상안정의 경우

침상안정은 모든 학생에게 열려 있는 조치가 아니다. 정말로 누워야 하는 상황에만 허용한다. 예를 들어 컨디션이 매우 좋지 않아 하교 조치가 결정되었지만 학부모님이 도착할 때까지 대기해야 하는 경우, 일시적인 두통이나 피로감으로 잠시 누우면 호전될 가능성이 있는 경우 등의 상황에서는 침상안정을 허용한다.

반면 단순 복통이나 어깨 타박 등 누워 있어도 증상 개선이 어려운 경우, 통증이 있지만 휴식보다는 냉·온찜질, 보호대 등 다른 처치가 필요한 경우에는 침상에 눕히지 않는다.

이럴 때는 아이에게 이렇게 설명해 준다.

"아프니까 눕고 싶을 수 있어. 하지만 안정실에 눕는 것은 선생님이 상태를 확인하고 결정하는 거야. 지금 ○○이 상태는 누워서 나아지는 게 아니어서 다른 방법을 찾아보자."

이와 함께 선택권을 주기도 한다.

"안정실은 기본적으로 한 번만 사용할 수 있어. 이유는 두 번 이상 필요하다면 ○○이는 하교 후 가정에서 휴식하거나 병원 진료를 받는 것이 맞다고 판단되기 때문이야. 그러니 지금 힘들면 잠깐 누워도 되고, 조금 참아보겠다면 참았다가 필요하면 다시 와도 돼."

❷ 핫팩을 요구하는 경우

보건실에 들어서자마자 핫팩을 달라는 학생도 많다. 그러나 핫팩도 증상이나 건강 상태에 맞게 제공해야 한다. 이럴 때는 단호하지만 친절하게 이렇게 안내할 수 있다.

"핫팩은 선생님이 ○○이 상태를 확인하고 줄 수 있는 거야. 어디가 불편해서 온 거야?"

만약 실제로 핫팩이 필요한 상태라면 이어서 이렇게 덧붙인다.

"이번에는 ○○이가 요청했으니 선생님이 핫팩을 줄게. 하지만 다음에도 꼭 줄 수 있는 건 아니야. 그때그때 선생님이 상태를 보고 결정할 거야."

이렇게 안내하면 아이들이 '보건실에 오면 무조건 핫팩을 받을 수 있다'는 생각을 줄이고, 다음부터는 자신의 증상을 먼저 이야기하게 된다.

❸ "담임선생님이 눕고 오랬어요"의 경우

종종 "담임선생님이 누워서 쉬래요"라며 방문하는 학생이 있다. 하지만 이럴 때도 무조건 안정실에 눕히지는 않는다. 먼저 문진을 통해 실제 상태를 확인하고, 침상 안정이 필요한지 판단한다.

만약 지금 누울 정도는 아니라고 판단되면 이렇게 안내한다.

"선생님이 상태를 보니까 지금은 누워서 쉬는 것보다는 ~하는 게 더 적절해 보여. 그래도 힘들면 다시 방문해도 돼."

또한 아이가 '담임선생님이 말했으니 누워도 된다'라고 오해하지 않도록 다음과 같이 명확히 알려준다.

"안정실 사용은 보건 선생님이 상태를 보고 결정하는 거야."

이렇게 하면 아이가 보건실의 규칙과 원칙을 자연스럽게 인식하게 된다.

반복적으로 방문하는 아이들

보건실에는 다양한 유형의 학생들이 있다. 다친 사실을 부모님께 알리지 않고 보건실에 오는 학생, 병원에는 가지 않고 보건실만 찾는 학생, 병원을 다녀왔음에도 보건실을 반복해서 방문하는 학생 등이다.

학생이 건강 이상을 호소하면 먼저 부모님께 알리는 것이 중요하며, 문진 과정에서 학생이 부모님에게 알리지 않았다고 하더라도 아픈 사실은 우선 부모님께 알려야 한다는 점을 안내한다.

보건실에서 병원 방문을 권유했음에도 가지 않거나 병원을 다녀왔음에도 다시 보건실을 찾는 경우에는 보건실에서 해결할 수 있는 범위를 벗어난 상황이므로 부모님께 다시 안내하여 전문적인 병원 진료를 받을 수 있도록 안내한다. 부모님에게 알리지 않고 반복적으로 보건실을 방문하는 학생의 경우에는 학부모가 이를 인지하지 못할 수 있으므로 필요 시 직접 연락하여 증상과 방문 현황을 안내하고 가정에서의 관찰 및 병원 진료를 권유한다.

병원 진료를 강조하는 이유는 보건실만 반복적으로 방문하면 적절한 치료 시기를 놓칠 수 있고, 학생이 정말 괜찮은지, 추가적인 검사나 치료가 필요한지 전문적으로 확인하기 위한 절차이기 때문이다.

조금만 아파도 파스 뿌려달라는 아이들

외상이 없는데 갑자기 걸을 때 아프거나 전날 운동 후에 근육이 아플 수가 있다. 이런 경우 대부분은 자연스럽게 회복되는 일시적인 통증으로, 심각한 부상이 아니라면 시간이 지나면 저절로 좋아지는 경우가 많다. 그럼에도 매번 파스를 뿌려달라고 오는 아이들이 있다.

"근육통은 대부분 자연스럽게 회복되는 통증이고, 하루 이틀 시간이 지나면 저절로 좋아져. 아프다고 무조건 약을 사용하지는 않아도 돼. 근육통은 ○○이가 평소에 잘 쓰지 않던 근육을 갑자기 사용하거나 운동을 열심히 했을 때 생기는 현상이야. 아플 수 있는데, 조금 참고 견디는 것도 좋아. 통증이 심하지 않다면 가볍게 스트레칭을 하거나 따뜻하게 마사지해 주고, 물을 충분히 마셔주는 것이 도움이 돼. 만약 통증이 너무 심할 때는 한 번 정도 파스를 뿌려줄 수는 있어."

습관적으로 욕설하는 아이들

일부 아이들은 미디어 속 인물의 말투를 그대로 따라 하거나 또래 사이에서 친밀감을 느끼기 위해 욕설을 사용하는 경우가 있으며, 감정을 조절하거나 표현 방법이 서툴러서 욕으로 감정을 대신 표현하기도 한다.

이런 경우 친구들끼리 장난처럼 사용하는 언어까지 완전히 금지하기는 어렵다. 하지만 최소한 교사나 어른 앞에서는 언어를 조심하고 예의를 지키려는 태도가 중요하다.

만약 아이가 선생님 앞에서도 습관적으로 욕설을 사용한다면 그 즉시 단호하게 반응한다.

"너희끼리 사용하는 건 어쩔 수 없지만, 선생님 앞에서는 조심해야지."

"너가 나쁘다는 게 아니야. 다만 그런 말들이 너에게 좋지 않은 습관이나 편견으로 굳어질까 봐 걱정돼서 하는 말이야."

이처럼 아이의 인격을 비난하기보다는 '언어 습관' 자체를 분리하여 언급하는 것이 중요하며, 아이 스스로 "선생님 앞에서는 조심해야겠다"라는 인식을 가질 수 있도록 일관되게 지도한다.

보건교사로서의 마인드 장착

이런 아이들을 대할 때 가끔 감정도 상하고, '나를 만만하게 보는 건가?' 하는 생각이 들 때도 있다. 하지만 아이들과 기싸움을 벌이는 것은 교사의 역할이 아니다. 교사는 학생과 대립하거나 대적하는 존재가 아니라 아이들이 규칙을 잘 지킬 수 있도록 돕는 사람이다.

이런 마음가짐으로 생각을 바꾸니, 아이를 '나를 힘들게 하는 존재'로 보는 대신 '아직 배우는 중인 존재'로 바라보게 되었고, '규칙을 알려주면 되겠다'라는 생각으로 보건실 운영에 대한 부담이 훨씬 줄었다.

이후에는 "앉아", "조용히 해" 같은 단순 지시보다 이유와 규칙을 명확히 설명하는 방식으로 바꾸었다. 그 결과 아이들도 기분이 상하지 않고, 교사가 원하는 바가 분명히 전달되어 지시에 더 잘 따르게 되었다.

유튜브 최민준 TV의 '기싸움을 하려는 아이' 편에 이런 말이 있다.

> "기싸움이 아니라 너를 위해 필요한 훈련일 뿐이야.
> 너랑 나랑 대립하거나 대적하는 게 아니야.
> 혼내는 게 아니라 네가 규칙을 잘 지킬 수 있도록 도와주는 거야."

CHAPTER 06

응급인가 아닌가 그 경계에서
_ 119 부르나요?

명백한 응급상황

누가 보아도 즉각적인 응급처치가 필요한 상태일 때에는 지체 없이 119를 호출해야 한다. 의식 소실, 무호흡, 무맥박, 무반응, 심정지 호흡(agonal gasp), 경련, 위급하거나 중한 외상이 있는 경우가 이에 해당한다. 이러한 상황에서 1~2분의 지연은 아이의 상태 악화로 이어질 수 있으며, 추후 민원의 대상이 될 가능성도 있다.

응급상황이 발생하면 즉시 119에 신고하고, 상황에 맞게 심폐소생술(CPR), 자동심장충격기(AED) 사용 등 필요한 응급처치를 병행해야 한다. 만약 119 이송이 필요한지 판단이 모호한 경우에는 119나 인근 치과·안과 등 의료기관에 전화로 상태를 확인하고 조언을 구하는 것이 도움이 된다.

119 이송이 필요한 응급환자의 기준은 「응급의료에 관한 법률 시행규

칙」 제2조(응급환자)에서 확인할 수 있다.

제2조(응급환자) 「응급의료에 관한 법률」(이하 "법"이라 한다) 제2조제1호에서 "보건복지부령이 정하는 자"란 다음 각 호의 어느 하나에 해당하는 증상이 있는 자를 말한다.

<개정 2008. 3. 3., 2008. 6. 13., 2010. 3. 19.>

1. 별표 1의 응급증상 및 이에 준하는 증상
2. 제1호의 증상으로 진행될 가능성이 있다고 응급의료종사자가 판단하는 증상

[별표 1] 응급증상 및 이에 준하는 증상(제2조제1호관련)

1. 응급증상

가. 신경학적 응급증상 : 급성의식장애, 급성신경학적 이상, 구토·의식장애 등의 증상이 있는 두부 손상

나. 심혈관계 응급증상 : 심폐소생술이 필요한 증상, 급성호흡곤란, 심장질환으로 인한 급성 흉통, 심계항진, 박동이상 및 쇼크

다. 중독 및 대사장애 : 심한 탈수, 약물·알콜 또는 기타 물질의 과다복용이나 중독, 급성대사장애(간부전·신부전·당뇨병 등)

라. 외과적 응급증상 : 개복술을 요하는 급성복증(급성복막염·장폐색증·급성췌장염 등 중한 경우에 한함), 광범위한 화상(외부신체 표면적의 18% 이상), 관통상, 개방성·다발성 골절 또는 대퇴부 척추의 골절, 사지를 절단할 우려가 있는 혈관 손상, 전신마취하에 응급수술을 요하는 중상, 다발성 외상

마. 출혈 : 계속되는 각혈, 지혈이 안되는 출혈, 급성 위장관 출혈

바. 안과적 응급증상 : 화학물질에 의한 눈의 손상, 급성 시력 손실

사. 알러지 : 얼굴 부종을 동반한 알러지 반응

아. 소아과적 응급증상 : 소아경련성 장애

자. 정신과적 응급증상 : 자신 또는 다른 사람을 해할 우려가 있는 정신장애

2. 응급증상에 준하는 증상

가. 신경학적 응급증상 : 의식장애, 현훈

나. 심혈관계 응급증상 : 호흡곤란, 과호흡

다. 외과적 응급증상 : 화상, 급성복증을 포함한 배의 전반적인 이상증상, 골절·외상 또는 탈골, 그 밖에 응급수술을 요하는 증상, 배뇨장애

라. 출혈 : 혈관손상

마. 소아과적 응급증상 : 소아 경련, 38℃ 이상인 소아 고열(공휴일·야간 등 의료서비스가 제공되기 어려운 때에 8세 이하의 소아에게 나타나는 증상을 말한다)

바. 산부인과적 응급증상 : 분만 또는 성폭력으로 인하여 산부인과적 검사 또는 처치가 필요한 증상

사. 이물에 의한 응급증상 : 귀·눈·코·항문 등에 이물이 들어가 제거술이 필요한 환자

최초 발견자는 3C 응급처치에 따라 대처할 수 있다.

3C 응급처치

구분	(보건교사, 보건업무담당교사) 대처 요령
Check (상황판단)	• 심장정지 및 응급상황 등 환자의 상태 평가 • 현장 안전 및 주변 응급처치 자원 판단 • 활력징후(체온, 맥박 호흡, 혈압) 측정 및 환자 상태 판단(판단이 어려운 경우 119에 도움 요청)
Call (도움요청)	• 심장정지 및 응급상황 시 119 신고 및 도움요청 • 담임교사 연락
Care (응급처치)	• 심장정지 시 표준심폐소생술 수행 및 자동심장충격기 적용 • 현장 안전 관리 • 응급환자 발생에 따른 필요한 상황에 맞는 초기 응급처치 수행 • 필요시 심폐소생술 등 응급처치를 위한 교직원 지원 요청 및 협력 • 119구급대원 도착 시 응급처치 및 상황 인계 • 이송 중 응급처치 필요시 보건교사 동행(학교 자체 차량일 경우) • 보고 및 기록

출처: 2025 학교 응급상황 대응 가이드라인(교육부 학생건강정보센터) p.10 참고

응급상황 발생 시 실무 체크 포인트

❶ 당황하지 말고 의식 확인 및 바이탈 측정

혈압, 맥박, 체온, 산소포화도를 우선 측정하고 반드시 기록을 남긴다. 의식이 없거나 응급증상일 경우에는 즉시 119에 신고한다.

❷ 동공 반응 확인

펜 라이트가 없으면 핸드폰 플래시를 활용해 동공 반응을 확인한다. 동공 반응은 몇 mm이고 어떤 상태인지 판단할 필요 없이 보이는 대로 기록한다. (빛에 눈동자 확대·수축반응 없음. 양측 동공 크기가 다름 등)

❸ 응급상황 대응 내용은 최대한 기록으로 보존

필요시 119 대원과의 통화 내용이나 응급처치 상황을 음성 녹음해 두면 응급 기록지 작성에 도움이 된다. 녹음이 어렵다면 카카오톡 '나에게 보내기'로 상황을 그때그때 메모해 두면 시간 순서대로 자동 정리된다. (14:10 경련 시작 / 14:18 119 대원 도착 등)

또한 드레싱 전에 환부 사진을 촬영해 두면 드레싱을 제거하지 않아도 119 대원이나 학부모에게 상태를 설명할 수 있다.

❹ 119 이송 전 학생 기본 정보 미리 확인

이송 후 병원에서 접수를 먼저 해야 하는 경우가 있으므로 나이스에서 해당 학생의 학년·반, 주민등록번호 그리고 학부모 연락처를 미리 확인해 두면 이후 대응이 수월하다.

❺ 고위험 응급상황 대응법 사전 숙지

뇌전증, 아나필락시스 등은 발생 시 즉각적인 대응이 필요하므로 사전에 충분히 숙지해 두어야 한다.

❻ 응급 시 바로 들고 이동할 수 있는 간이 응급 가방 준비

앰부백, 나무 부목 등 응급상황에 필요한 물품을 모두 갖춘 응급 가방은 분명 유용하다. 그러나 실제 응급상황에서는 가방이 크고 무거워 즉시 들고 뛰어가기 어려운 경우가 많다.

보건실에는 책상 위나 손을 뻗으면 바로 집을 수 있는 위치에 작고 가벼운 간이 응급 가방을 별도로 준비해 두는 것이 좋다. 응급 가방에는 혈압계(성인용·소아용 퍼프), 청진기, 펄스옥시미터, 체온계, 혈당측정기, 펜라이트, 라텍스 장갑, 생리식염수(상처세척용), 멸균거즈(지혈용), 종이테이프(고정용), 붕대, 가위, 휴대용 산소 등을 넣어 둔다.

기록의 중요성

특히 뇌전증은 '발생 양상 기록'이 핵심이다. 증상이 시작된 시점부터 머리끝부터 발끝까지 보이는 증상을 시간대별로 상세히 기록한다. 이때 나타난 증상과 나타나지 않은 증상을 정리해 두어 학부모에게 전달하면 병원 진료 및 원인 파악에 큰 도움이 된다.

뇌전증 기록 예시

시간	환자 상태 및 응급처치 내용
09:36	• 의자 옆에 가만히 누워 거품을 흘리며 고개 옆으로 하고 있음 • 양 눈 반쯤 뜬 채로 질문에 대답 없음 • 청색증/근육강직, 근육경련/호흡곤란/실금실변 없음 • 동공 확인 시 동공 확장 없으나 핸드폰 불빛으로 비춰봤을 때 눈동자 정면을 향하고 있음 • 명확한 확대축소 동공 반응 없는 것으로 보임 • mental 및 호흡 확인함. 의식 없고 맥박, 호흡 있음 • 머리를 박거나 하지 않고 스르르 쓰러져 있었다고 함(담임교사)

09:39	• 학생 스스로 일어나 비틀거리며 의자에 착석함. 머리, 얼굴 외상 없어 보임 • 사람, 장소 대답 못 함. 언어 지시에 명확히 반응하지 않음 • 졸음이 있어 보이며 간단한 지시, 질문에 반응이 느림(drowsy) • 눕히려고 해도 눕지 않으며 필통에서 연필을 꺼내 공부하려는 모습을 보임 • 의자에 앉아 질문에 반응은 하나 대답은 못 하며 머리가 옆으로 기울여지는 모습임

의식 사정 방법에는 여러 가지가 있으나 응급 상황에서 직관적이고 활용하기 편리한 두 가지 방법을 주로 사용한다.

의식 사정 방법

AVPU	
A(Alert) 의식 명료	의식 상태 명료, 시간/장소/사람에 대해 제대로 파악
V(Verbal) 언어 반응	크게 부르거나 이름을 부를 때 반응함, 주로 단어 위주의 소통
P(Painful) 통증 반응	언어에는 반응 없으나 통증을 주면 반응(고통을 주는 손을 치우거나 움찔거림)
U(Unresponsive) 무반응	어떤 자극에도 반응 없음

의식 수준 5단계	
Alert(명료)	시간/장소/사람에 관한 질문에 정확히 대답함. 지남력 있음
Drowsy(기면)	졸음이 오는 상태로, 이름을 부르면 깨어나지만 자극에 느린 반응
Stupor(혼미)	지속적인 강한 외부 자극에만 반응(통증 자극에 회피 반응). 거의 신음 소리
Semi-coma(반혼수)	자발적 움직임이 거의 없이 강한 자극에 찡그림·움찔거림 등 최소한의 반응
Coma(혼수)	모든 자극에 반응 없고, 자발적 운동 없음. 호흡·맥박은 있음

(※ Drowsy 이상은 119로 이송)

응급은 아니지만 빠른 병원 진료를 고려해야 하는 상황

영구적 장해나 기능 손상, 흉터가 남을 가능성이 있거나 장기간 치료가 필요할 수 있는 부위의 손상은 이후 민원으로 이어질 소지가 있다. 따라서 얼굴, 눈, 치아, 생식기 부위에 손상이 발생한 경우에는 신속하게 학부모에게 연락하여 현재 상태와 조치 내용을 정확히 설명하고, 병원 진료를 권유하는 것이 바람직하다.

❶ 얼굴 상처

1자 형태의 크지 않은 상처는 스테리스트립을 적용할 수 있다. 상처 상태에 따라 듀오덤, 메디폼 등 하이드로콜로이드 드레싱을 부착해 흉터가 남지 않도록 보호한다. 특히 얼굴 부위의 상처는 흉터 가능성을 고려하여 필요시 성형외과 진료를 안내하기도 한다.

봉합이 필요하다고 판단될 경우에는 상처 부위를 충분히 세척한 후 웻 드레싱(wet dressing)을 적용하고 병원 진료를 안내한다.

❷ 안구 타박 / 외상

눈 외상이 의심될 때는 시력 변화(시력 저하, 시야 이상, 복시), 안구 움직임, 동공의 빛 반사, 전방출혈 여부를 확인하고 눈 주변 근육이나 시신경 손상 가능성이 있는지 평가한다.

셔틀콕이나 배구공 등에 의해 눈을 맞은 경우에는 안구 주변 뼈 손상(안와골절) 가능성도 함께 고려해야 한다.

처치 시에는 냉찜질을 적용하되, 눈에 압력이나 압박을 가하지 않도록 주의하고 눈을 비비지 않도록 안내한다. 전방출혈이 확인될 때는 초응급 상황으로 판단하여 즉시 119에 신고하여 이송한다.

망막박리가 의심되는 경우에는 양쪽 눈을 종이컵 등으로 덮어 고정한 상태로 이송한다.

한편 따가움·눈 시림·안구 통증 등의 증상이 없는 경우에는 인공눈물을 점적한 후에 경과를 관찰할 수 있지만, 겉으로 드러나지 않는 눈 내부 손상 가능성을 확인하기 위해 방과 후 안과 진료를 받도록 안내한다.

❸ 치아 손상

치아에는 유치에서 영구치로 교체되는 치아가 있는 반면, 처음부터 영구치로 나는 치아도 있다. 앞니와 아랫니의 정중앙을 기준으로 1~5번 치아는 유치에서 영구치로 교체되며, 6번과 7번 큰어금니는 처음부터 영구치이고, 8번 치아는 사랑니에 해당한다. 따라서 손상 부위가 6번 또는 7번 치아인 경우에는 영구치 손상 가능성을 고려해 상태를 면밀히 확인하고, 가급적 치과 진료를 권유하는 것이 바람직하다.

치아가 완전히 빠진 치아 탈구의 경우에는 1시간 이내에 반드시 치과 진료를 받아야 하며, 빠진 치아는 우유 또는 생리식염수에 담아 보관한 상태로 병원으로 이동하도록 안내한다.

치아 아탈구로 치아가 심하게 흔들릴 경우에는 고정 치료가 필요할 수 있으므로 치과 진료를 권유한다.

치아 파절, 즉 깨진 치아는 파절 범위에 따라 레진, 크라운, 신경치료, 임플란트 등의 치료가 필요하다. 치아 조각을 우유 또는 생리식염수에 담아 보관한 후에 30분~1시간 이내에 치과 진료를 받도록 안내한다.

치과에 내원한다고 해도 반드시 모든 치아를 살릴 수 있는 것은 아님을 유의해야 한다. 유치의 손상은 영구치 성장에 영향을 줄 수 있으므로 경미해 보이더라도 치과 진료가 필요하다. 특히 유치 골절이나 유치의 심한 흔들림의 경우 반드시 치과 진료가 필요하다.

• 유치와 영구치 구별: 대체로 유치는 영구치보다 크기가 작으며, 영구

치가 유치의 뿌리를 흡수하며 자라기 때문에 영구치는 뿌리 부분이 선명하고, 유치는 뿌리가 짧다.

❹ 생식기(고환) 타박

생식기, 특히 고환을 타박한 경우에는 주변 부위의 손상 여부와 통증, 혈뇨 동반 여부를 함께 확인한다. 이후에도 통증이 지속적으로 이어지거나 점점 심해지는 경우에는 고환 손상 가능성을 고려하여 비뇨기과 진료를 받도록 권유하는 것이 바람직하다.

하교 후에 병원 진료 가능한 상황

❶ 머리 타박 후 생긴 혹

체육 시간에 뛰다가 벽이나 철봉에 머리를 부딪히거나 교실에서 미끄러져 책상·가구 모서리에 머리를 부딪히는 경우가 있다. 머리를 부딪힌 뒤 혹이 생겼더라도 두통, 구토, 어지러움, 보행 이상, 사지 위약감 등 신경학적 증상이 없다면 우선 냉찜질을 적용하며 경과를 관찰한다. 다만 혹의 크기가 크거나 단단하게 만져지는 경우에는 혈종 제거 등 추가 처치가 필요할 수 있으므로 학부모와 상의한 후 병원 진료를 권유한다.

❷ 눈 따가움을 호소하는 경우

게임이나 활동 중 친구의 손톱이나 샤프 등에 눈을 긁혀 보건실을 방문하는 경우가 있다. 대부분 펜 라이트로 확인해도 눈에 스크래치나 이물질이 보이지 않지만, 실제 안과 검사에서는 각막 손상이나 염증이 발견되는 사례가 종종 있다.

우선 인공눈물을 점적하고 5~10분간 휴식을 취하게 하며, 증상이 완화

되면 경과를 관찰한다. 증상이 지속되거나 악화되는 경우에는 학부모에게 현재 상태를 설명하고 신속한 안과 진료를 권유한다. 사정상 바로 병원 방문이 어렵더라도 하교 후 반드시 안과 진료를 받도록 안내한다.

❸ 연필심에 찔려 피부에 흑심이 남은 경우

본인 연필이나 친구와 장난치다 연필심에 찔려 상처로 보건실을 방문한 경우, 피부에 흑심이 남는 경우가 있다. 주로 손바닥 부위에서 발생하며, 상처를 세척하고 소독한 후에도 흑심이 남아 문신처럼 착색될 수 있다. 이러한 경우 학생에게 하교 후 부모님과 상의하여 피부과 또는 성형외과 진료를 받도록 안내한다.

❹ 공통

하교 후 진료가 가능한 상태라 하더라도 심한 통증이나 불편감을 호소하거나 증상이 악화되는 경우에는 지체하지 말고 빠른 병원 진료를 안내해야 한다.

※ 일상적인 보건실 문진 내용
요보호 학생 여부 확인, 언제·어디서·어떻게 발생했는지, 약 복용 여부 및 아침 식사 여부, 바이탈 사인 측정, 가정에서 상황을 인지하고 있는지 확인

그 외 보건실 방문 사례

❶ 두통, 어지러움

해당 증상을 호소하는 학생들은 발열이 있거나 아침 식사를 하지 않았

을 때 또는 건조한 환절기에 보건실을 자주 방문하는 경향이 있다.

두통과 어지러움을 함께 호소할 때는 대부분 감염병으로 인한 발열로 나타나는 경우가 많으므로 체온부터 측정한다. 이후 어지러움의 양상, 구토 여부, 보행 이상, 사지 위약감 등 신경학적 증상이 동반되는지 확인한다. 발열이나 신경학적 증상이 없는 경우에는 아침 식사 미섭취, 수면 부족, 체한 경우, 환절기 등 생활 요인에 의한 증상일 가능성을 함께 고려한다.

같은 증상으로 재방문한다면 V/S 측정과 함께 냉찜질, 침상 안정을 취하게 하고, 필요시 진통제를 투여하며 경과를 관찰한다.

신경학적 증상이 하나라도 확인되는 경우에는 지체하지 말고 즉시 119에 신고한다.

❷ 눈 이물감

목공 수업으로 사포 가루가 눈에 들어가거나 운동장에서 모래가 들어가 방문하는 경우가 많다. 눈에 이물감이 있는 경우에는 우선 눈을 비비지 않도록 안내하고, 생리식염수로 세척하거나 인공눈물을 점적한다. 처치 후 통증, 따가움, 시림 등 안구 자극 증상이 없다면 경과를 관찰하며, 증상이 남아 있는 경우 하교 후 안과 진료를 받을 수 있도록 안내한다.

안구 자극 증상이 지속되거나 악화되면 지체하지 말고 학부모에게 신속한 안과 진료를 권유한다.

❸ 귀 타박 후 통증 및 이명

큰 소리를 들었거나 공에 귀를 맞은 후 귀 통증과 함께 청력 저하나 이명을 호소하며 보건실을 방문하는 경우가 있다. 이러한 경우에는 추가적인 소음 노출을 피하도록 하고, 코를 세게 풀지 않도록 안내하여 귀에 압력이 가해지지 않도록 한다.

대부분 증상이 지속되면 다시 방문하라고 안내해도 실제로 재방문하는 경우는 드물다. 재방문하여 불편감을 지속적으로 호소하면 이비인후과 등 의료기관 진료를 받도록 안내한다.

❹ 코 타박

복도에서 달리다 문에 부딪히거나, 계단에서 넘어지거나, 공에 세게 맞는 등의 이유로 코를 다친 후 보건실을 방문하는 경우가 있다. 이때 냉찜질을 적용하고, 코피가 나는 경우에는 압박하여 지혈을 시행한다. 필요시 영상 검사를 권유하며, 외상으로 인한 코피가 심한 경우에는 신속히 의료기관으로 이송한다.

코뼈 골절이 의심되는 경우에는 골절 직후에는 주변 조직의 부종으로 즉각적인 수술이 어려울 수 있으므로 바로 응급실로 가기보다는 충분한 냉찜질 후 의료기관을 방문하도록 안내한다.

❺ 코피

외상으로 인한 경우보다는 계절적 요인, 특히 건조한 환절기에 주로 발생한다. 고개를 숙인 상태에서 코 앞쪽(카셀바흐 혈관총)을 압박하도록 하고, 쉽게 멈추지 않을 경우 칼토스테이트(칼슘-소듐 알지네이트)를 말아 삽입한 뒤 압박과 냉찜질을 병행하면 비교적 빠르게 지혈된다. 30분 이상 지혈되지 않으면 이비인후과 진료 후 소작술이 시행되기도 한다.

❻ 목에 가시 걸림

급식 시간에 생선을 섭취한 후 목에 가시가 박힌 것 같다며 보건실을 방문하는 경우가 있다. 이때 밥을 억지로 삼키면 가시가 더 깊이 박히거나 식도에 상처를 낼 수 있으므로 피하도록 안내하고, 따뜻한 물을 마셔 자연스럽게 내려가도록 시도한다.

생선 가시와 같은 이물이 목을 긁고 지나간 후에도 미세한 상처로 인해 이물이 남아 있는 것처럼 느껴질 수 있음을 설명한다. 불편감이 지속되면 가시로 인한 식도 염증 반응이 나타날 수 있으므로 이비인후과 진료를 받도록 안내한다.

❼ 구강 내 열상 / 입술 외상

교실 책상 모서리, 복도나 계단 등에서 넘어지면서 구강/입술에 외상을 입고 보건실을 방문하는 경우가 있다. 겉으로 보이는 입술 상처뿐만 아니라 치아 흔들림, 치은 손상, 잇몸 출혈, 안면부 손상 여부도 반드시 확인한다.

입술이 부어 있는 경우에는 냉찜질을 시행하고, 입술에 작은 상처에는 덱스판테놀 성분이 포함된 립케어를 도포할 수 있다. 깊게 벌어진 구강이나 입술 열상은 생리식염수로 세척한 후 웻드레싱을 적용하고, 치과 진료를 안내한다.

❽ 피부 외상

경미한 상처는 소독 후 연고를 바르고 밴드를 붙이는 것만으로도 충분하며, 흉터 위험이 있는 부위는 듀오덤이나 메디폼과 같은 습윤 드레싱을 적용할 수 있다.

진피 이상 손상이 있거나 상처가 벌어져 보이는 경우, 특히 얼굴 부위는 흉터 위험이 높아 대부분 봉합이 필요하다. 이때 병원으로 보내기 전 상처를 세척하고 웻드레싱을 시행하며, 흉터 예방을 위해 성형외과 진료를 권유한다.

웻 드레싱은 상처를 생리식염수에 적신 거즈로 덮고, 마른 거즈와 코반 또는 테이프로 고정하며, 마르지 않도록 2시간마다 교체한다.

눈꺼풀이나 눈 주변 상처는 안과 또는 성형외과, 귀 주변 상처는 이비인후과 또는 성형외과, 코 주변 상처는 이비인후과 또는 성형외과, 입술이나 구강 내 상처는 치과 진료를 안내한다.

❾ 피부 화상

화상 발생 시에는 열기를 제거하는 것이 가장 중요하며, 너무 차갑지 않은 흐르는 물로 15분 이상 충분히 냉각·세척한다. 다만 광범위한 화상의 경우에는 저체온증이 유발되지 않도록 주의한다.

냉각 후에는 웻드레싱을 시행한다. 물집이 없는 1도 화상의 경우에는 메디폼이나 듀오덤과 같은 습윤 드레싱을 적용할 수 있고, 그 외 미보연고, 아즈렌S연고, 리도아가아제 거즈 등 화상연고나 화상거즈 제품들도 사용할 수 있다.

2차 감염의 우려가 있거나 깊은 2도 화상인 경우에는 항생연고가 필요할 수 있다. 2도 화상 이상으로 판단되면 감염 및 흉터 발생 위험이 있으므로 가급적 병원 진료를 안내한다.

❿ 피부 가시 박힘

육안으로는 확인되지 않으나 가시가 박힌 것 같다며 보건실을 방문하는 경우가 있다. 피부 표피층에 박힌 미세한 가시는 시간이 지나면서 자연스럽게 탈락되기도 하므로 해당 경우에는 기본적인 상처 처치를 시행하고 경과를 관찰한다.

실제 가시가 육안으로 확인되면 일회용 멸균 주삿바늘을 사용하여 제거를 시도한 뒤 소독 및 연고 도포를 한다. 제거 후 잔여 가시가 남아 있는지 불확실한 경우에는 듀오덤을 부착한 뒤 귀가 후 제거하도록 안내하고, 이물감이 지속될 경우 피부과 진료를 권유한다.

❶❶ 피부 질환

피부과 질환은 보건실에서 판단하기에 가장 모호하고 어려운 경우가 많다. 햇빛 알레르기, 피부 묘기증, 특별한 원인 없이 갑자기 발생하는 발진 등 다양한 양상으로 나타나기 때문이다.

피부 발진이나 발적이 있는 경우에는 보습 연고나 항염증 연고를 적용하며, 증상이 지속되거나 악화되면 병원 진료를 통해 항히스타민제나 스테로이드 치료가 필요할 수 있다.

피부 두드러기가 나타난 경우에는 냉찜질을 시행하고, 필요시 항히스타민제나 스테로이드 연고를 적용한다. 증상이 심하지 않으면 하교 후 병원 진료를 안내하되, 아이가 지속적으로 불편을 호소하여 수업에 지장이 있을 정도라면 신속히 병원 진료를 받도록 안내하는 것이 좋다.

❶❷ 근골격계(염좌, 골절 등)

체육 시간에 달리다 벽에 부딪히거나 계단에서 넘어져 발목 통증으로 보건실을 방문하는 경우가 많다. 근골격계 손상이 의심될 때에는 양측을 비교하여 부종이나 변형이 있는지 감각·운동·순환(SMC) 상태를 함께 확인한다. 외관상 부종이나 변형이 없어도 심한 통증을 지속적으로 호소하면 즉시 병원 진료를 안내한다.

처치는 RICE(안정, 냉찜질, 압박, 거상) 요법을 적용하고, 필요시 부목으로 고정한 뒤 병원 진료를 안내한다.

경추 및 척추 골절이 의심되는 경우에는 정형외과 또는 신경외과 진료를, 사지 골절이나 사지 봉합이 필요할 때는 정형외과 진료를 안내한다.

❶❸ 흉통

흉통을 호소하는 경우에는 먼저 호흡곤란, 어지러움, 식은땀, 혈압 저하,

실신 등 흉통 외 다른 증상이 동반되는지와 운동 중 또는 운동 직후 발생했는지를 확인한다. 이와 함께 활력징후(V/S)와 산소포화도를 측정한다.

흉통 외 다른 증상이 없으면 경과를 관찰하며 증상 변화를 확인한다. 그러나 증상이 악화되거나 흉통 외 다른 증상이 동반되면 신속히 병원 진료를 안내한다.

특히 흉통과 함께 실신이 발생하면 심장 질환 가능성을, 운동 후 갑작스럽고 심한 흉통이나 호흡곤란이 동반될 경우에는 폐 질환 가능성을 고려하여 즉시 119 이송을 시행한다.

❶❹ 복통

복통은 학생들이 보건실을 방문하는 가장 흔한 증상 중 하나이다. 복통을 호소하는 경우, 먼저 통증의 PQRST(통증 위치·통증 양상·완화 및 악화 요인·통증 강도·통증 시간)을 확인한다. 이와 함께 아침 식사 여부, 발열 여부, 구토 및 설사 동반 여부, 최근 배변 여부, 감기약 복용 여부 등을 함께 확인한다.

아침을 거르고 발생한 속쓰림, 빈속에 우유나 과일만 섭취한 경우, 점심 식사 후 바로 뛰어 가스가 찬 경우, 변비, 감기약에 포함된 항생제로 인한 설사 등은 질문 과정에서 원인이 비교적 분명해지는 경우가 많다.

특별히 명확한 원인이 보이지 않는 경우에는 따뜻한 물을 마시게 하거나 온찜질을 시행하며, 필요시 플라시보 효과를 위해 유산균을 적용할 수 있다.

증상이 지속되면 백초 시럽과 같은 소아 정장제를, 설사가 동반되면 지사제를, 소화불량이 의심되면 소화제를 적용하는 등 증상에 맞게 약물을 선택한다.

발열, 심한 구토 및 설사가 동반되거나 약물 복용 후에도 증상이 악화되는 경우에는 병원 진료를 권유한다. 특히 우하복부 통증이 있는 경우에는 경미한 통증이라도 로브싱 징후, 요근 징후, 폐쇄근 징후, 반동 압통이 있는지 확인한다. 이러한 징후가 양성으로 나타난다고 해서 반드시 충수염을 의미하는 것은 아니지만, 실제로 염증성 질환이나 신장 결석 등으로 진단된 사례가 많아 주의 깊게 살펴볼 필요가 있다.

각종 징후가 양성인 경우 체온을 측정하고 금식을 유지하도록 안내한 후에 신속하게 병원으로 내원하도록 한다.

응급상황 발생 시 교직원 행동강령

전체 교직원은 법령에 따라 매년 실습 2시간을 포함하여 최소 3시간 이상 교직원 응급처치 교육을 이수하고 있다. 학기 초 교직원 대상 응급환자 관리 연수할 때 교직원 행동강령, 교내 자동심장충격기 위치 및 사용법은 반드시 강조해야 한다.

응급상황 발생 시 교직원 대처 요령

구분	(보건교사 외) 대처 요령
Check	• 심장정지 및 응급상황 여부 판단 • 현장 안전 및 주변 응급처치 자원 판단
Call	• 심장정지 및 응급상황 시 119 신고 및 도움 요청 • 보건교사 연락
Care	• 심장정지 시 심폐소생술 수행 및 자동심장충격기 적용 • 환자 인근 교직원에게 도움 요청 • 보건교사의 현장 도착 시까지 현장 관리 • 보건교사에게 초기 응급상황 설명 • 보건교사의 지시 요청에 따라 응급처치 참여 및 현장 지원

교직원 행동강령

- 비의료인 견지에서 볼 때에도 응급상황으로 생각될 때는 보건교사가 오기까지 기다리지 않고 즉시 119 신고한다.
- 응급환자 최초 발견자는 즉시 환자 상태 확인하여 심폐소생술 시행하고, 자동심장충격기(AED) 사용하여 응급처치를 시행한다.
- 응급상황에서 물, 약물 등 경구 투여를 금지한다.
- 불가피한 경우를 제외하고 환자를 이동시키지 않는다.
- 담임교사는 가능한 한 빨리 학부모와 관리자에게 연락을 취한다.

교직원의 보건실 방문 사례

교직원은 지병, 주말 취미·여가활동 중 발생한 손상, 체육활동, 학교 계단 이용 중 사고로 인해 보건실을 방문하는 경우가 많다.

❶ 어지러움 호소(50대 여성 행정실 주무관)

어지럼을 호소하여 혈압을 측정한 결과 180/130으로 확인되었다. 이는 즉각적인 혈압 조절이 필요한 응급상황으로 판단되었으며, 혈압약 복용 이력은 없는 상태였다. 즉시 119 이송을 권유하였으나 극구 거절하며, 퇴근 후 기존에 다니던 병원에서 진료를 보겠다고 하였다.

이처럼 교직원의 경우 병원 진료를 안내하더라도 학생보다 오히려 진료를 미루는 경우가 많아 보건교사 입장에서는 긴장되는 상황이 되곤 한다. 가능한 한 지속적으로 병원 진료를 권유한다.

❷ 주말 자전거 사고 후 발목 부종(50대 후반 남성 교감 선생님)

주말에 자전거를 타다 넘어져 발목이 부어오른 상태로 방문하였다. 대부분 '곧 나을 것'이라 생각해 병원 진료를 받지 않는 경우가 많다. 그러나 치료 시기가 늦어질수록 회복 기간이 길어질 수 있으므로 상태를 확인한 뒤 "괜찮은지 확인하는 차원에서라도 빨리 병원에 다녀오시라"라고 진료를 권유한다.

❸ 가정 내 사고로 인한 화상·베임

집에서 요리 중 화상이나 칼에 베인 상처로 방문하는 사례도 흔하다. 우선 화상에 대한 초기 처치를 시행하고, 이후 가정에서도 화상연고 등을 사용해 관리할 수 있도록 처치 방법을 안내한다. 다만 흉터가 남을 우려가 있는 경우에는 상태를 설명한 뒤 병원 진료를 권유한다.

❹ 학기 말에 반복되는 두통·몸살

학기 말이 되면 두통이나 몸살 증상으로 보건실을 자주 찾는 교직원이 늘어난다. 특히 12월에는 감기몸살약이나 쌍화탕을 미리 구비해 두고, 따뜻하게 데워 제공한다.

수업으로 만나는 보건 교육
_ 수업 속 작은 꿀팁 모음

보건수업 사례 공유

음주 고글 체험

음주의 위험성과 신체에 미치는 영향을 학습한 후 음주 고글 실습을 통해 음주 상태에서 나타나는 시야 분산과 왜곡 현상을 간접적으로 체험하도록 구성한다. 이를 통해 학생들이 음주의 위험성을 몸으로 느끼며 경각심을 가질 수 있도록 한다.

실습에 사용되는 고글은 단계별 도수 차이가 있으며, 수업에서는 소주 1병 또는 맥주 2병에 해당하는 야간 2단계를 활용한다.

체험활동 구성은 다음과 같다.

- 테이프를 따라 바르게 걷기
- 장애물(러버콘) 피해 걷기

- 미니 짐볼 위로 던져 받기
- 여러 숫자가 적힌 종이 속에서 숫자 '9' 2개 찾기

고글 체험은 수업 전 사전 준비가 필요한 활동이다. 학생들이 체험하는 친구의 모습을 잘 볼 수 있도록 교실 양쪽으로 책상과 의자를 밀어 중앙에 충분한 공간을 확보한다. 출발선을 바닥에 표시하고, 그 옆에는 고글을 놓을 수 있는 공간을 마련한다.

출발선부터 지그재그 형태로 위험 라인 테이프를 붙이고, 적절한 간격을 두어 러버콘(장애물)을 설치한다. 또한 미니 짐볼을 던지고 받을 수 있는 구역도 테이프로 표시하여 학생들이 쉽게 알아볼 수 있도록 한다. 동선 마지막에는 교사용 책상 위에 숫자가 배열된 종이를 놓고, 그중 '숫자 9' 두 개를 찾는 과제로 체험을 마무리한다.

모든 학생 체험 후 시간적 여유가 있다면 교실 조명을 모두 끄고 야간 분위기를 연출하여 난이도를 높인 체험을 진행할 수도 있다.

체험 시작 전에는 교사가 직접 고글 착용 방법과 체험 루트를 시범으로 보여주어 학생들이 안전하게 참여할 수 있도록 지도한다.

체험 전·후에는 학생들이 자리에 앉아 '술에 취한 친구(음주 고글을 착용해 실습하는 친구)'의 모습을 관찰하고, 이를 글이나 그림으로 표현하도록 한다. 관찰할 친구 두 명은 학생들이 자유롭게 선택할 수 있도록 한다.

실습이 시작되면 금방 분위기가 소란스러워질 수 있으므로 실습 중인 친구를 방해하지 않기, 체험 후에는 자리에 앉아 관찰지를 작성하기 등 규칙을 사전에 명확히 안내하고 분위기를 정돈한 상태에서 진행한다.

체험 후 아래와 같은 질문으로 음주가 판단력과 신체 능력에 미치는 영향을 스스로 깨닫도록 유도한다.

"이 상태에서 자전거를 탈 수 있을까요?"

"횡단보도를 안전하게 건널 수 있을까요?"

"달려오는 차를 피할 수 있을까요?"

(※ 음주고글은 힐링샘, 이메딕 등 교육 자료 사이트에서 세트로 구입할 수 있다.)

흡연 예방

흡연 예방 수업은 다른 주제의 수업보다도 만들기, 그리기, 게임 등 다양한 활동을 시도해 볼 수 있어 학생들의 흥미를 높이고 참여를 유도하기에 좋다.

먼저 이론 중심의 흡연 예방 교육을 진행한 후, 이를 바탕으로 플라워 키링 만들기, 흡연 예방 무드등이나 금연 페이퍼토이 제작, 흡연 예방 게임(컬링 등) 등 다양한 체험활동을 시행한다.

아이들은 활동 자체에 집중하며 즐겁게 참여하고, 직접 작품을 완성해 가면서 흡연 예방의 의미를 스스로 생각해 보게 된다.

완성된 작품은 흡연 예방 캠페인에서 활용하거나 보건실에 전시하여 다른 학생들에게도 흡연 예방 메시지를 전달하고 홍보 효과를 높일 수 있다.

기도 폐쇄 (페트병 실험, 조끼 실습과 하임리히법 4컷 만화)

기도 폐쇄의 개념, 기도 폐쇄 증상, 목에 걸리기 쉬운 음식과 상황, 응급 처치법 등 이론을 학습한 후 복부 밀어내기(하임리히법)의 원리를 직관적으로 확인할 수 있도록 시각적 실험을 진행한다.

실험은 500ml 빈 페트병에 흉부 사진을 인쇄하여 붙이고, 휴지를 이물질로 가정하여 병 입구에 살짝 끼운다. 이후 사진상의 복부 부위를 손으로 힘껏 누르면 페트병 내부 공기가 압축되면서 휴지가 위로 "훅" 하고 배출된다. 이를 통해 학생들은 '복부를 밀어 올리는 동작이 폐 속 공기를 압축하여 기도 속 이물질을 밀어내는 원리'임을 직관적으로 이해할 수 있다.

이후 응급처치 실습 단계에서는 교육용 하임리히 트레이너 조끼를 애니 인형(심폐소생술 인형)에 착용시켜 실습한다. 교사가 먼저 '등 두드리기 5회 → 복부 밀어내기 5회' 순서를 시범으로 보여주고, 손 모양과 압박 위치를 정확히 지도한다. 학생들은 교사의 호명에 따라 앞으로 나와 애니 인형에 5회씩 연습하며, 자세와 손 위치가 올바른 학생은 실습용 스티로폼을 넣어 실제 배출을 체험한다.

학생들끼리 직접 하임리히 조끼를 착용하고 실습할 수도 있지만, 과도한 힘으로 인한 부상 위험이나 신체 접촉으로 인한 불편감이 발생할 수 있으므로 수업에서는 애니 인형 중심으로 실습을 진행한다.

실습 대기 학생들은 '하임리히법 4컷 만화 그리기' 활동을 수행하도록

하임리히법 4컷 만화 예시

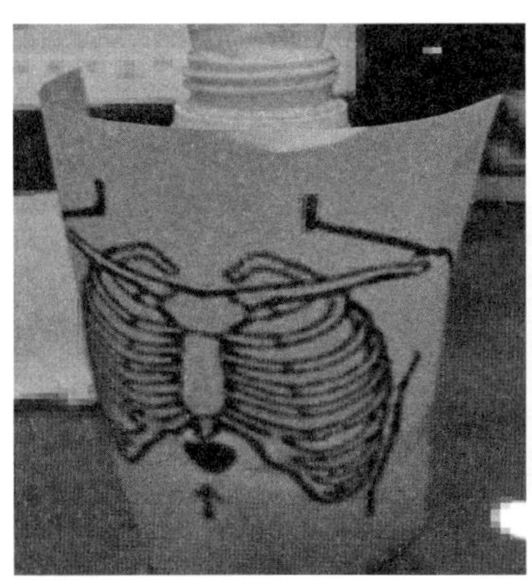

한다. 주제는 '친구와 분식집에서 떡볶이를 먹다 목에 떡이 걸린 상황'으로 설정하며, 친구를 구하기 위해 어떻게 대처해야 하는지를 4컷 만화로 표현하도록 한다.

완성된 작품 중 응급처치 과정을 잘 표현한 작품은 보건실에 전시하거나 다음 수업에서 함께 살펴볼 수 있다. 하임리히 4컷 만화는 캔바(Canva)에서 '4컷 만화'를 검색하여 수정 후 활용한다.

붕대 실습

수업은 실제 보건일지에 집계된 근골격계 관련 통계를 보여주며 시작하여 학생들의 학습 동기를 유발한다. 예를 들어 "3월부터 지금까지 우리 학교에서 발생한 근골격계 손상은 몇 건일까요?"와 같은 질문을 통해 학생들의 호기심을 자극할 수 있다. 데이터를 그래프나 표 등의 시각 자료로 제시하면 학생들은 학교에서 흔히 발생하는 부상 유형을 한눈에 확인할 수 있다.

이후 근골격계 손상의 개념과 주요 증상을 살펴보고, 응급처치 방법으로 RICE 요법(Rest-Ice-Compression-Elevation)을 구체적인 예시와 함께 교육한다. 보건실에서 실제 사용하는 부목을 직접 보여주고, 부목 대용으로 활용할 수 있는 주변 물건(신문지, 자, 두꺼운 교과서, 우산 등)도 함께 확인해본다.

붕대 감기 실습은 실제 교실에서 있을 법한 상황을 가정하여 학생들이 둘씩 짝을 지어 연습하도록 한다. 예를 들어 "옆 친구가 체육 시간에 넘어져 왼쪽 손목 골절이 의심됩니다. 병원에 가기 전에 응급처치를 해주려고 합니다. 친구의 손목에 붕대를 감아 고정해 볼까요?"와 같이 안내한다.

실습 전에는 교사가 시범을 보이며 학생들이 붕대를 감는 과정에서 흔히 실수하는 부분을 미리 짚어준다. 예를 들어 붕대를 너무 느슨하게 감아 길이가 부족해지거나 처음부터 풀어헤친 상태에서 감아 고정이 제대로 되지 않는 경우가 있다.

"붕대는 풀어놓지 말고 말려 있는 상태 그대로 손목에서부터 시작합니다. 너무 세게도, 너무 느슨하지도 않게 적당한 힘을 주면서 감습니다. 한 바퀴를 돌릴 때마다 1/2~1/3 정도 겹치도록 감고, 손으로 내려와 엄지와 검지 사이를 지나 다시 손목으로 올라가 고정하면 됩니다."

실습 후에는 서로의 붕대 고정 상태를 확인하며 피드백을 주고받도록 한다.

거꾸로 말해요

학생들의 집중력과 순발력을 높이면서 수업 내용을 재미있게 복습할 수 있는 활동이다. 교사가 제시한 단어를 학생들이 거꾸로 한 글자씩 외치는 방식으로 진행된다.

3~4명의 학생은 앞으로 나와 칠판을 등지고, 앉아 있는 친구들을 바라보며 일렬로 선다. 미션 단어는 앉아 있는 학생들이 볼 수 있도록 화면에 띄운다. 교사가 단어를 또박또박 말하면, 앞에 선 학생들은 순서대로 한 글자씩 거꾸로 외친다.

예를 들어 교사가 "기도 폐쇄"라고 말하면, 학생들은 단어를 기억한 뒤 끝 글자부터 한 글자씩 외친다. 첫 번째 학생이 "쇄!", 두 번째 학생이 "폐!", 세 번째 학생이 "도!", 마지막 학생이 "기!"를 외치는 식이다. 단어를 정확히 외치는 것이 핵심이므로 학생들은 서로의 순서를 기억하며 집중해야 한다.

수업에서 배운 주요 단어를 중심으로 제시하면 복습 효과가 높다. 예시 단어로는 기도 폐쇄, 응급처치, 바른 자세, 스트레칭, 예방접종, 스트레스 등이 있다.

제한 시간 내에 단어를 완성하지 못하거나 순서를 잘못 외친 경우에는 한두 번 더 도전 기회를 제공한다.

이 게임은 짧은 시간 안에 협동심과 집중력을 함께 기를 수 있어, 수업 마무리 활동으로 활용하기 좋다.

나는요

이 놀이는 『서준호 선생님의 교실놀이백과 239』에 수록된 활동으로, 학생이 자신의 이야기와 특징을 종이에 적은 후에 종이를 섞어 무작위로 뽑는다. 이후 다른 학생의 종이에 적힌 이야기를 듣고 주인공이 누구인지 추리해 맞히는 놀이다.

보건수업에서는 이 활동을 정서·정신건강 단원에서 활용한다. 특히 '내 마음 알아보기' 또는 '서로 다름이 모여 만드는 세상(자기 인식과 타인 이해)' 이라는 주제와 연결하여 진행하므로 단순한 게임이 아닌 자기 이해와 타인 이해를 함께 배우는 시간이 된다.

놀이 방법은 다음과 같다.

① 문장이 적힌 종이를 한 장씩 나누어준다.
② 종이 맨 위에 자신의 이름을 쓴다.
③ 각자 "나는요"로 시작되는 문장을 완성한다. 자신의 성격, 좋아하는

<table>
<tr><td colspan="2" align="center"><h1>나는요!!</h1></td><td>(　　　　)학년(　　　　)반</td></tr>
<tr><td colspan="2"></td><td>이름 (　　　　　　　　　)</td></tr>
<tr><td colspan="3">나는요, (　　　　　　　　　　　　) 때 가장 행복해요!</td></tr>
<tr><td colspan="3">나는요, (　　　　　　　　　　　　) 때 가장 짜증나요!</td></tr>
<tr><td colspan="3">나는요, (　　　　　　　　　　　　) 한/하는 친구가 제일 좋아요!</td></tr>
<tr><td colspan="3">나는요, (　　　　　　　　　　　　) 을(를) 하는 것을 가장 좋아해요!</td></tr>
<tr><td colspan="3">나는요, 미래에 (　　　　　　　　　　) 가 되고 싶어요!</td></tr>
<tr><td colspan="3">나는요, (　　　　　　　　　　　　) 라는 별명이 있어요!</td></tr>
</table>

'나는요' 활동지 예시

것 등 자신을 소개할 수 있는 문장(위 표 참조)으로 구성한다.

④ 마지막에는 외모나 자신을 금방 알 수 있는 힌트(별명이나 입고 있는 옷 등)를 적는다.

⑤ 적은 종이를 다 모아서 섞은 후에 한 장을 골라내 선생님이 먼저 "나는요"로 시작된 문장을 한 줄씩 읽어준다. 이때 다른 친구들이 더 고민해 볼 수 있도록 미리 답을 말하지 않도록 한다.

⑥ 아이들은 선생님이 들려주는 문장을 모두 듣고 누구의 것인지 맞혀 본다.

⑦ 맞힌 아이는 찾아낸 친구의 장점(칭찬)을 한 가지 말한 후 다음 종이를 뽑아 읽으면서 차례대로 진행한다. 발표하지 못한 학생들의 이야기는 다음 보건수업 후 남는 시간에 조금씩 이어서 진행하면 수업을 자연스럽게 마무리할 수 있으며, 학생들도 아쉬움 없이 참여할 수 있다.

내 얼굴은 어디에

이 놀이도 『서준호 선생님의 교실놀이백과 239』에 수록된 활동으로, 얼굴의 특징을 이용해 친구를 기억해내는 놀이이다. 친구가 그린 내 얼굴 그림을 다른 친구들이 그린 그림 속에 섞어 놓고, 그중에서 자신의 얼굴을 찾아내는 방식으로 진행된다.

놀이 방법은 다음과 같다.

① 자신이 얼굴을 그리게 될 친구의 번호를 뽑는다. 홀수면 세 명씩 묶어 A는 B, B는 C, C는 A를 그리는 식으로 진행해도 된다.

② 신호에 따라 친구가 눈치채지 못하게 '얼굴의 특징'을 파악하며 관찰한다.

③ 5분의 시간 동안 활동지에 친구의 얼굴을 그리며 특징이 잘 나타나게 그린다.

④ 그림 뒷장에 자신이 그린 친구의 이름을 아주 작게 적는다.

⑤ 그림을 모아 뒤섞고 나서 책상 위에 무작위로 펼쳐 놓는다.

⑥ 그림을 감상한 뒤 자신의 모습이라 생각한 그림을 골라 자리에 앉는다. 이때 뒷장에 적힌 이름은 보지 않고 그림을 골라야 한다.

⑦ 선생님의 신호에 뒷장을 확인하여 자기 얼굴이 맞는지 확인한다.

⑧ 자신의 얼굴이 아니라면 친구에게 그림을 전달한다.

이 활동은 그림 실력이 중요한 것이 아니므로 조금 서툴게 그려도 괜찮다고 안내한다. 또한 친구가 마음에 들지 않게 그렸더라도 최선을 다해 그린 결과임을 이해하도록 설명한다.

빨리해야 할 것 같은 노래

보건수업 중 활동지 작성이나 만들기 속도가 느려질 때 아이들의 집중력과 작업 속도를 높이기 위해 박자감 있는 음악을 틀어준다. 이론 수업 후 실습이나 만들기 활동에서 아이들이 색칠하거나 꾸미는 과정에 몰입하면 시간이 훌쩍 지나가 버린다. 교사가 "조금 더 빨리해 보자"라고 안내해도 손놀림이 쉽게 빨라지지 않는다.

이럴 때 수업 분위기를 바꾸는 데 도움이 되는 것이 바로 '노동요'다. 유튜브에서 '빨리 해야 할 것 같은 노래'를 검색해 리듬감 있는 음악을 틀어주면 아이들의 작업속도가 눈에 띄게 빨라지고, "선생님, 이 노래 틀어주니까 손이 막 빨라져요!"라며 즐거워하면서 교실 분위기에도 활기가 돈다.

흡연 예방 교육 자료 사이트

- 서울특별시교육청 보건 안전진흥원의 뉴스레터와 카드뉴스

  뉴스레터를 통해 흡연 예방과 관련된 최신 이슈와 소식을 알 수 있고, 카드뉴스는 그림이나 포스터의 형태로 한눈에 잘 이해가 되도록 구성되어 있어 흡연 예방 교육에 활용하기 좋다.

- 금연 두드림

  [자료실 → 교육] 탭에 동영상, 음원, 문서, 이미지와 같은 다양한 형태의 자료들이 있다.

  (사례) 전 학년 흡연 예방 교육으로 금연 두드림에 탑재된 '담배의 유해성' 애니메이션과 각 학년 수준에 맞는 흡연 예방 만들기 자료를 제공하여 교육 자료로 활용할 수 있도록 하였다.

- 국가금연지원센터

  교육 책자, 동화책, 동영상 자료들이 있다.

- 금연 길라잡이

  간접흡연, 3차 흡연에 대한 그림 자료, 흡연 현황 및 통계에 대한 자료가 있다.

눈 건강: 바뀐 곳을 찾아라

눈 건강을 주제로 수업을 진행한 후 외모를 간단히 바꾸고 친구의 달라

진 점을 맞혀보는 놀이를 진행한다. 이 활동은 정호중 선생님의 〈흔들리지 않는 교실을 위한 단호한 학급 운영〉 블로그에서 아이디어를 참고하여 구성한 것이다. 단순한 게임이지만, 눈 건강 주제와 연계하여 진행하니 아이들이 즐겁게 참여하며 수업을 기분 좋게 마무리할 수 있었다.

게임 방법은 다음과 같다. 모든 학생이 책상에 엎드려 눈을 감고, 술래로 뽑힌 친구가 외모를 살짝 바꾸는 동안 기다린다. 예를 들어 시계를 빼거나 신발을 바꿔 신기, 풀어 놓은 머리를 묶기 등 간단한 변화만 허용한다. 아이들은 예상보다 다양한 아이디어를 내며 적극적으로 참여한다.

술래가 변화를 준 후 학생들은 달라진 점을 맞히고 정답을 맞힌 학생이 다음 술래가 되어 진행한다.

시간이 남으면 시각과 관련된 활동을 확장하여 EBS 지식채널 〈당신의 동공에 건배〉 영상을 함께 시청한다. 이 영상은 동공의 움직임을 통해 사람의 감정이나 마음 상태를 알 수 있다는 내용을 담고 있어 눈의 기능과 감정 표현이라는 주제와 자연스럽게 연결된다.

바른 자세(척추옆굽음증)

❶ 동기 유발

견고한 기둥과 무너진 기둥 사진을 보여주며 '기둥의 역할'에 대해 이야기한다. 건물에서 기둥이 어떤 역할을 하는지, 기둥이 부실하면 어떤 일이 생길 수 있는지를 함께 생각해 본다. 이후 기둥과 척추를 자연스럽게 연결하여 척추의 중요성을 설명하며 본 수업으로 넘어간다.

❷ 척추의 역할과 개수 알아보기

척추가 우리 몸을 지탱하고 신경을 보호하는 중요한 구조임을 설명한 후에 "사람의 척추는 몇 개인지 알고 있나요?"라고 질문하며 업다운 게임을 진행한다. 아이들이 "20개요!", "40개요!" 하며 추측하는 가운데 정답인 33개가 나올 때까지 즐겁게 참여할 수 있다. 이런 게임 요소를 넣으면 자연스럽게 집중도가 높아진다.

❸ 척추옆굽음증의 원인 이해하기

척추옆굽음증의 원인 중 하나인 바르지 않은 자세 사진을 여러 장 보여준다. 교사는 "지금부터 바르지 않은 자세들을 사진으로 보여줄 거예요. 여러분이 평소 자주 하는 자세가 있는지 체크해 보세요"라고 안내한다. 예를 들어 다리를 꼬고 앉는 자세, 엎드려 공부하는 자세, 소파에 누워 핸드폰을 보는 자세 등 현실적인 예시를 보여주면 아이들의 공감과 몰입이 높아진다. 사진을 본 아이들은 "헉, 이거 제 자세예요. 자주 하는 자세인데!" 하며 스스로 돌아보게 된다.

또한 척추옆굽음증 엑스레이 사진을 함께 보여주며 잘못된 자세가 장기간 지속될 경우 척추에 어떤 변화가 생기는지와 나타날 수 있는 증상을 설명하면 아이들이 보다 실감 나게 받아들일 수 있다.

❹ 척추옆굽음증의 증상 및 치료 이해하기

허리 통증, 피로감 등 척추옆굽음증이 진행되면서 나타날 수 있는 증상을 설명하고, 치료 방법으로 보조기 착용이나 수술 사례를 사진으로 보여주며 조기 발견과 예방의 중요성을 강조한다. 이를 통해 학생들은 단순한 지식 습득을 넘어 '왜 바른 자세가 필요한지'를 직접 체감하게 된다.

또한 자가 체크리스트를 활용해 평소 본인에게 척추측만증과 관련된 증상이 있는지 스스로 확인하는 시간을 가진다. 이 활동을 통해 자신의 습관을 돌아보고, 친구에게 "내 자세가 어떠냐?"라고 물어보며 서로의 자세를 점검해 보는 경험도 할 수 있다.

체크리스트 예시는 다음과 같다.

- 가방끈이 한쪽만 자꾸 흘러내린다.
- 신발 한쪽 밑창이 더 많이 닳는다.
- 치마나 바지, 벨트가 한쪽 방향으로 돌아간다.
- 몸이 한쪽으로 기울어져 있다.
- 보행 자세가 이상하다는 소리를 들어본 적이 있다.

❺ 등심대검사 활동

두 사람이 짝을 지어 육안검사와 등심대검사 실습을 진행한다. 첫 번째 육안검사에서는 검사자가 친구 뒤에 서서 양쪽 어깨, 날개뼈, 골반의 높이 차이가 있는지 눈으로 확인한다. 육안검사는 두 사람 모두 똑바로 선 자세에서 진행한다.

두 번째 등심대 검사에서는 검사자가 친구 뒤에 서서 등 한쪽이 올라갔는지, 척추가 휘어져 있는지, 허리 한쪽이 올라갔는지 관찰한다. 이때 검사받는 친구는 양발을 11자로 유지하고, 무릎을 곧게 편 뒤 양팔을 자연스럽게 아래로 늘어뜨린 채 허리를 약 90도 숙인다. 그 상태에서 검사자는 눈높이를 등, 척추뼈, 허리 부근에 맞춰 관찰한다. 검사는 신체 접촉 없이 눈으로만 관찰해도 충분하다고 안내한다.

실습 후 척추옆굽음증으로 결과가 나와도 학교에서 한 검사만으로는 진단할 수 없으므로 반드시 병원에서 정확한 검진을 받아야 한다는 점을 강조하여 학생들이 오해하지 않도록 한다.

❻ 바른 자세 실천하기

바르게 선 자세, 바르게 걷는 자세, 바르게 앉는 자세, 바르게 눕는 자세로 나누어 설명하며, 그림 자료를 함께 제시해 이해를 돕는다.

올바른 앉는 자세는 교실에서 학생들과 함께 그림을 보며 직접 따라 해보도록 하여 자신의 평소 습관을 되돌아보고 올바른 자세를 체득할 수 있도록 한다.

생활 속 실천 방법으로는 가방끈 길이 조절, 무거운 짐을 들 때의 자세, 공부할 때 휴식 시간 확보 등 구체적인 방법을 알아본다.

수업 마무리로 '박지성 응원 체조 영상'을 활용해 몸을 가볍게 풀어주면 학생들도 즐겁게 따라 하며 수업을 긍정적인 분위기 속에서 마무리할 수 있다.

❼ 확장 활동: 눈 감고 제자리 걷기(동적 평형성 검사)

시간이 남는다면 간단한 검사 형태의 게임으로 '눈 감고 제자리 걷기'를 진행할 수 있다. 바닥에 시작 위치를 표시하고, 그 위에 발끝을 맞춘 뒤 눈을 감고 약 30초간 제자리걸음을 하게 한다. 걷는 동안 자연스럽게 팔을 흔들도록 유도한다.

골반이 틀어진 정도에 따라 시작 위치에서 이동하는 거리가 달라지며, 30cm 이내로 이동하면 균형이 양호한 편으로 본다. 2~4명씩 나와 진행할 때는 서로 부딪히지 않도록 책상 등을 치우고 충분한 공간을 확보한다.

이 활동 역시 "정확한 진단은 병원에서 해야 하며, 이 검사는 단순한 체험활동"임을 학생들에게 다시 한번 안내한다.

약물 오남용 예방

보건실에서 실제로 사용하는 약품 상자들을 수업에 활용한다. 학생들에게 "이 약들은 실제 보건실에서 자주 사용되는 약이에요"라고 설명하면, 보건실에서 복용해 본 적 있는 약이거나 집에서 본 적 있는 약을 발견했을 때 흥미를 보이며 관심 있게 관찰한다.

약품 상자를 하나씩 나눠주고, '처방전'처럼 구성한 활동지를 작성하도록 한다. 학생들은 '나만의 처방전'을 작성하며 약의 올바른 사용법을 확인할 수 있다. 예를 들어 '처방 의사 성명'란에는 자신의 이름을, '의사 면허번호'에는 학년과 반, 번호를 적도록 하여 재미있게 참여할 수 있게 한다.

처방전의 내용은 의약품명, 약의 성분, 효능·효과, 용법·용량, 저장 방법(보관 방법), 사용 기한으로 구성된다.

또한 집에서 사용하는 약품 상자를 살펴보는 과제를 제시하여 실제 생활 속에서 약품 정보를 확인하고, 올바른 복용법에 대해 가족과 함께 이야기해 볼 수 있도록 지도한다.

심폐소생술 및 자동심장충격기

수업 후 학생들에게 설문조사를 해보면 가장 인상 깊고 재미있었다고 응답하는 수업은 단연 '심폐소생술 수업'이다.

수업은 이론 수업과 실습 시간으로 구분하여 2차시로 진행한다. 먼저 이론 수업에서는 심폐소생술의 기본 원리와 절차 그리고 응급상황에서 어떻게 대처해야 하는지를 배운다.

특히 가슴압박 부분에서는 100~120회/분의 박자를 몸으로 익힐 수 있도록 'CPR 메트로놈 110bpm'이나 110~120 bpm인 싸이의 〈챔피언〉, 핑크퐁 〈아기상어〉 같은 노래를 활용한다.

학생들은 노래를 들으며 책상 위에 가방을 올려두고 압박하거나 자신의 허벅지를 누르면서 박자에 맞춰 연습한다. 이렇게 하면 가슴압박의 리

듬과 강도를 자연스럽게 익힐 수 있다.

또한 학교 내 자동심장충격기(AED)의 위치와 사용법도 함께 설명한다. 아이들은 평소 지나치기만 했던 AED의 존재를 새롭게 인식하고, 위급 상황에서 어떻게 사용해야 하는지를 배우게 된다.

실습 시간에는 책상을 모두 치우고, 의자를 칠판 쪽으로 뚫린 'ㄷ'자 형태로 배치하여 중앙에 넓은 공간을 확보한다. 중앙에는 심폐소생술 연습용 애니 인형을 4개 정도 비치한다.

학생들은 출석번호 순이나 무작위로 구조자와 시민 역할을 나누어 번갈아 가며 실습을 진행한다.

구조자 역할의 학생은 인형 옆에 앉아 110pbm 메트로놈 박자(유튜브 영상)에 맞춰 가슴압박을 시행한다. 교사는 학생의 자세, 손 위치, 압박 깊이 등을 확인하며 즉각적으로 피드백을 제공해 올바르게 수행할 수 있도록 돕는다. 특히 AED를 적용하는 동안에도 전기충격 버튼을 누르기 전까지 가슴압박을 멈추지 않는 것이 중요함을 강조한다.

시민 역할의 학생은 교실 뒤쪽에서 대기하다가 교사의 신호에 맞춰 AED를 들고 구조자 반대편에 앉는다. 이때 구조자의 가슴압박을 방해하지 않도록 주의하며 AED를 순서에 따라 작동한다.

교사는 학생들이 자주 실수하는 부분, 즉 전원을 누르지 않거나, 패드 연결선을 제대로 연결하지 않거나, 패드 방향을 잘못 붙이거나, 패드 부착에 방해할까봐 불필요하게 가슴압박을 중단하는 상황 등을 중심으로 지도한다. 특히 전기충격 버튼을 누르기 전에는 반드시 환자와 접촉하지 않아야 한다는 점을 여러 번 강조한다.

실습은 주로 출석번호 순으로 진행한다. 먼저 출석번호 1~4번 학생들이 구조자(가슴압박) 역할을 맡고, 5~8번 학생들은 시민(AED) 역할을 수행한다. 이후 역할을 교대하여 5~8번 학생들이 가슴압박을, 9~12번 학생들이 AED 실습을 하도록 하여 모든 학생이 빠짐없이 참여할 수 있도록 한다. 마지막으로 1~4번 학생들이 AED 실습을 완료하면 활동을 마무리한다.

이 수업은 학생들의 흥미와 참여도가 매우 높아 수업 분위기가 지나치게 활발해질 수 있다. 교사는 중간중간 질서를 유지하고 주의를 환기시키며 수업 흐름을 안정적으로 조절할 필요가 있다.

심폐소생술 실습 교실 구성

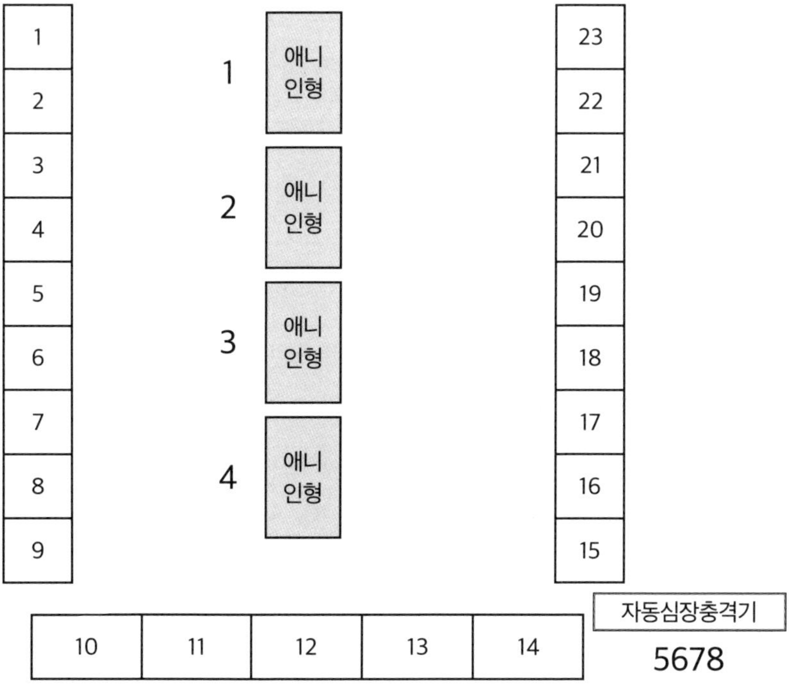

골든벨 퀴즈

매년 1학기 수업이 모두 끝난 후에는 '보건 골든벨 퀴즈'를 진행한다. 학생들이 즐겁게 참여하면서 1학기 동안 배운 핵심 내용을 자연스럽게 되짚어볼 수 있는 좋은 기회가 된다.

퀴즈는 보건수업에서 다룬 주제를 바탕으로 구성하며, 주제별로 2~3문제씩 출제하여 총 25문항으로 만들고, 객관식과 단답식을 적절히 섞어 난이도에 변화를 준다.

퀴즈 중간에는 난센스 문제를 한두 개 섞는 것도 좋다. 예를 들어 첫 시간에 소개했던 보건 선생님 이름을 초성 문제로 내면 학생들이 재미있어하며 분위기가 한층 부드러워진다.

골든벨 퀴즈는 수업 첫날에 1학기 마지막 시간에 진행한다고 사전에 안내하며, 수업 중 퀴즈로 낼 주요 내용은 "이 부분은 골든벨 퀴즈에 나올 수 있어요!"라고 언급하면 학생들의 집중도를 높일 수 있다.

상품은 전체 학생 중 15문제 이상 맞힌 학생이 15명 이상일 때 제공한다는 조건을 걸면 협동심이 자극되어 참여도가 높아진다. 퀴즈 시작 전에는 진행 규칙을 명확히 안내하여 공정하게 운영되도록 한다.

- 문제를 듣고 10초 제한 시간 내 답을 작성한다.
- 문제를 맞혔으면 체점란 번호에 ○ 표기를 한다.
- 정답을 말하거나 상의하지 않는다. (3번 주의받으면 해당 문제 패스)

모든 문제 풀이가 끝나면 학생들은 자신의 정답 수를 확인한다. 15문제 이상 정답을 맞힌 학생들은 골든벨 판을 머리 위로 들어 올리도록 안내한다. 이를 통해 학생들은 반 전체의 성취 정도를 한눈에 확인할 수 있고, 서로의 노력을 시각적으로 공유하며 자연스럽게 성취감을 느낄 수 있다.

만약 15문제 이상 정답자가 15명 이상일 경우 약속한 대로 전원에게 상품을 배부한다. 목표 달성에 미치지 못하더라도 끝까지 포기하지 않고 적극적으로 참여한 학생들의 노력을 칭찬하며 상품을 배부한다.

캔바 탬플릿 활용 예시

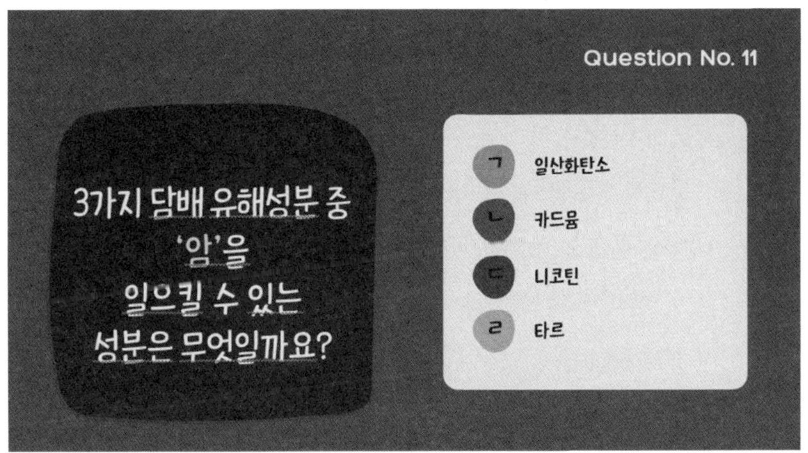

집단 스피드 퀴즈

2학기 수업을 마무리한 후에는 그동안 배운 내용을 되돌아보며 복습하는 의미로 '집단 스피드 퀴즈' 게임 활동을 진행한다. 단순히 문제를 맞히는 게임이 아니라 2학기 동안 배운 보건 지식을 몸으로 표현하고 친구들과 협력하며 즐겁게 복습할 수 있도록 구성되었다.

집단 스피드 퀴즈는 친구가 몸으로 표현하는 미션 단어를 맞히는 게임이다. 먼저 술래 2명을 정한다. 술래는 칠판 앞자리에 나란히 앉아 칠판을 등지고 친구들을 바라본 채 앉는다. 이때 나머지 친구들은 칠판에 제시된

'미션 단어'를 보고 그 내용을 몸으로 표현한다.

술래는 친구들의 몸짓만을 보고 10초 안에 정답을 화이트보드에 적는다. 두 술래 중 누가 먼저 정답을 맞히느냐로 승패가 갈리지만, 경쟁보다는 두 명이 협의하여 함께 정답을 찾아가는 방식으로 진행해도 좋다.

활동 시 반드시 지켜야 할 규칙은 '침묵 유지와 자리 이탈 금지'이다. 문제를 표현할 때 소리를 내거나 비명을 지르는 것은 금지하며, 정해진 자리에서 몸으로만 표현해야 한다. 간혹 앞으로 나오는 아이들이 있는데, 뒷자리 친구들의 시야가 가려질 수 있으므로 자리를 이탈하지 않고 제자리에서 표현하도록 지도한다.

미션 내용은 몸으로 표현하기 어렵지 않도록 단순하고 핵심적인 주제로 구성한다. 예를 들어 '양치하기', '비만', '응급처치', '간접흡연' 등 그동안 수업 시간에 다뤘던 주요 건강 주제들을 중심으로 제시한다.

술래 선정은 패들렛(Padlet) TA 기능을 활용하여 이름 선택을 통한 무작위 추첨 방식으로 진행한다. 이를 통해 공정하게 술래를 정할 수 있고, 학생들의 흥미와 참여도를 높일 수 있다.

집중하는 연습

보건수업을 하다 보면 때때로 교실 분위기가 어수선해질 때가 있다. 이럴 때는 잠시 흐름을 바꿔 간단한 게임을 통해 아이들의 집중력을 다시 끌어올리는 것이 효과적이다. 짧고 쉬운 게임 하나만으로도 학생들의 관심이 다시 모이고, 수업 분위기가 한결 활기차게 전환된다.

특히 수업이 길어져 학생들의 집중이 흐트러질 때나 갑작스레 분위기가 산만해질 때 활용하면 효과적이다.

❶ 가라사대 놀이

짧은 시간 안에 집중력을 높이고, 주의 깊게 듣는 습관을 기를 수 있는 간단한 활동이다. 교사가 "가라사대"라는 말을 붙여 동작을 지시하면 학생들은 그 동작을 따라 하되, "가라사대"라는 말이 없을 때는 따라 하면 안 되는 게임이다.

예를 들어 교사가 "가라사대, 머리를 만지세요!"라고 하면 아이들은 머리를 만진다. 하지만 "손을 드세요!"라고만 말했을 경우에는 '가라사대'가 없으므로 손을 들면 안 된다.

이처럼 순간적으로 듣고 판단해야 해서 아이들은 자연스럽게 집중하게 되고, 교실 분위기도 금세 활기를 띤다.

진행할 때는 모든 학생이 탈락 없이 계속 참여할 수 있도록 운영하는 것이 중요하다. 최후의 승자를 가리는 방식으로 진행하면 처음에는 재미있지만 시간이 지날수록 탈락한 학생들은 흥미를 잃을 수 있다.

보상 제공 방식에도 주의가 필요하다. 최후 생존자에게만 간식이나 상품을 주는 방식은 아이들의 경쟁심을 지나치게 자극해 '틀리지 않은 척하기'나 '서로 견제하기' 같은 불필요한 분위기를 만들 수 있다.

❷ 인간 제로(숫자 일어나기 게임)

인간제로 게임은 교사가 "3명!", "5!"처럼 숫자를 외치면 학생들이 서로 눈치를 보며 정확히 그 숫자만큼 자리에서 일어나는 활동이다. 너무 많이 일어나면 인원이 초과되고, 늦게 일어나면 기회를 놓치기 때문에 순간적인 판단력과 협동심이 요구된다.

학생들이 정확히 숫자에 맞게 일어났을 때는 교사가 "정답!"이라고 칭찬하며 격려하고, 틀렸을 경우에는 모두 앉은 채로 다시 시도한다.

이 게임은 짧은 시간 안에 수업 분위기의 환기뿐만 아니라 함께 호흡을 맞추는 즐거움을 느끼게 할 수 있다.

❸ 시간 감각

학생들은 모두 눈을 감고, 교사가 "30초!"라고 외친 후 스톱워치로 시간을 잰다. 학생들은 마음속으로 시간을 세며 정해진 초가 되면 눈을 뜬다. 실제 시간과 가장 가까운 친구가 승리하는 짧은 게임으로, 소란스러운 수업 분위기를 잠시 환기시키는 데 효과적이다.

보건수업 활용 꿀팁

Padlet TA (패들렛 TA)

Padlet TA는 생성형 AI를 활용하여 교사들이 수업 계획, PPT, 퀴즈 등 쉽게 생성할 수 있게 도와주는 수업 도구이다. 수업 설계, PPT 만들기, 수업 활동 아이디어, 매칭, 빈칸 채우기, 순서 정하기, AI 이미지, 짧은 링크로 만들기, 이름 선택 등 여러 다양한 기능을 로그인 없이도 활용할 수 있다.

- 인터랙티브 활동: 플래시 카드, 매칭, 객관식, 빈칸 채우기, 정렬, 순서 정하기
- 인쇄 가능한 활동: 워크시트, 객관식, 색칠 공부 도안, 읽기 자문, 트레이싱 시트
- 수업 및 지침: 수업 설계, 멀티미디어 프레젠테이션, 수업 활동 아이디어, 기준표, 텍스트 난이도 조정기
- 유틸리티: AI 이미지, 짧은 링크, 이름 선택, 스마트 그룹, QR코드

(사례 1)

음주 예방 수업으로 음주고글 체험 순서를 정할 때는 뽑기를 하는 대신 유틸리티의 '이름 선택' 기능을 활용한다.

나이스 명렬표에서 학생들의 이름을 복사해 붙여넣은 후에 이름 뽑기를 실행하면 한 명씩 자동으로 추첨이 된다. 각 이름은 한 번씩만 뽑거나 반복 선택이 가능하도록 설정할 수 있다. 자동 추첨 방식을 사용하면 학생들이 보다 공정하다고 느끼면서도 긴장감을 가지고 참여할 수 있다.

또한 2명씩 짝을 지어야 하는 활동에서는 '유틸리티 → 스마트 그룹' 기능을 사용해 원하는 그룹 수만큼 학생들을 무작위로 구성하여 활용한다.

(사례 2)

학생들의 흥미를 높이고 학습 효과를 강화하기 위해 게임 요소를 접목한 활동을 구상하고자 하지만 아이디어가 쉽게 떠오르지 않을 때가 있다.

아래는 Padlet TA → 수업 및 지침 → [수업활동아이디에]에서 다음과 같이 입력하여 생성 후 제시된 활동들이다. (학년: 5학년 / 주제 및 학습 목표 : 척추옆굽음증 예방 / 추가 설명: 게임 활용)

- 바른 자세 빙고: 20분, ★☆☆(적은 노력 요함), 학생들이 올바른 자세와 관련된 단어나 그림이 포함된 빙고 게임을 진행하며 척추 건강의 중요성을 학습한다.
- 척추옆굽음증 예방 댄스: 40분, ★★☆(보통의 노력 요함), 간단한 스트레칭과 운동을 음악에 맞춰 춤으로 만들어 배우고 실천한다.

윗지 (아이스크림 게임형 학습 도구)

윗지 게임형 학습 도구는 초등 아이스크림 홈페이지(https://www.i-scream.co.kr/user/main/MainPage.do)의 '윗지 게임 학습'에서 이용할 수 있다. 윗지에는 모둠 대항 퀴즈, 스피드 어휘 퀴즈, 그림 맞히기 퀴즈, 선 잇기 퀴즈 등 보건수업 후 복습할 때 사용하기 좋은 게임들이 많다.

(사례)

간접흡연 예방 수업에서 핵심어 복습을 위해 '부웅퀴즈'를 활용한다. 부웅 퀴즈는 퀴즈 배경과 아이콘을 선택하고 단어를 입력하면 손쉽게 만들 수 있다.

퀴즈 도중 "윙~"이나 "부웅~"처럼 순식간에 지나가는 소리가 나서 학생들의 흥미를 더욱 높여준다. '3차 흡연', '금연 구역' 등 수업과 관련된 단어로 퀴즈를 구성하여 학생들이 그날 배운 핵심 키워드를 자연스럽게 정리할 수 있도록 한다.

워드 클라우드

워드 클라우드(단어 구름, https://wordcloud.kr)는 중요도나 언급 빈도가 높은 단어를 크기나 색상으로 표현해 직관적으로 보여주는 시각화 기법이다. 설문에서 가장 많이 언급된 단어일수록 더욱 눈에 띄게 표시되어 전체 경향을 한눈에 파악할 수 있다.

보건수업 후 설문조사나 '사춘기 하면 떠오르는 단어' 등을 사전에 조사한 뒤 그 결과를 활용해 워드 클라우드를 만들어볼 수 있다.

이렇게 제작한 단어 구름을 다음 수업 시간에 학생들과 함께 공유하며 각자의 생각과 느낌을 자연스럽게 나누는 활동으로 활용하면 효과적이다.

(사례)

1학기 보건수업을 마친 후 좋았던 점과 아쉬운 점, 배우고 싶은 주제, 선생님께 하고 싶은 말을 중심으로 설문조사를 실시하였다. 아래 사진은 1학기 보건수업에서 좋았던 점에 대한 학생들의 응답을 바탕으로 제작한 워드 클라우드이다.

학생들의 설문 결과를 시각화한 워드 클라우드를 2학기 보건수업 시작 전에 함께 공유하였으며, 특히 아쉬운 점에 대해서는 2학기 수업에서 어떻게 보완할 수 있을지 학생들과 함께 의견을 나누는 시간을 가졌다.

워드 클라우드 활용 예시

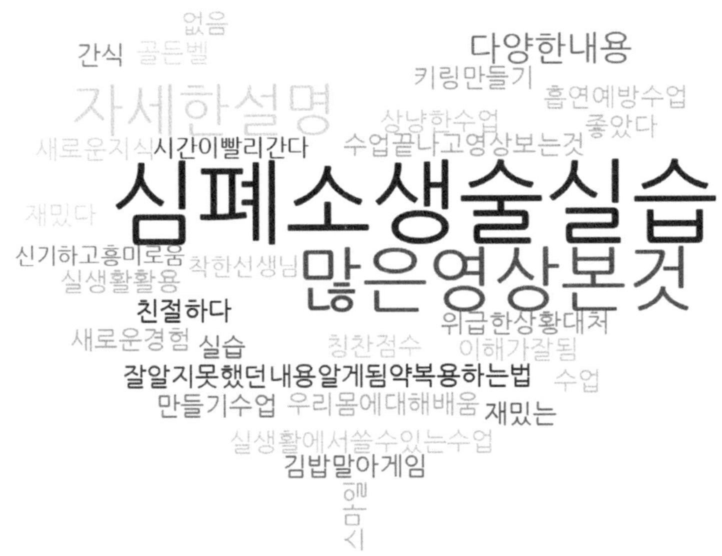

PPT에 사용할 무료 폰트 사이트

PPT 자료를 만들 때 기본 폰트를 사용하면 다소 아쉬운 느낌이 들 수 있지만, 예쁜 폰트를 다운로드해 사용하려고 하면 저작권 문제가 신경 쓰이기 마련이다. 다행히 저작권 걱정 없이 사용할 수 있으면서도 감각적인 무료 폰트를 제공하는 사이트들이 있다. 각 폰트별로 안내된 '폰트 라이선스'를 확인하면 사용 가능한 범위를 알 수 있다.

- **학교 안심 폰트 다운로드**(KERIS 교육저작권지원센터): 교육 현장에서의 폰트 저작권 걱정을 해소하기 위해서 한국교육학술정보원(KERIS)에서 제공하는 무료 폰트로, 문서나 인쇄, 영상 등에 사용할 수 있다.
- **눈누**(상업적 이용 가능한 무료 한글 폰트 사이트): 잘 알려지지 않은 상업적으로 이용할 수 있는 무료 한글 폰트를 모아 소개하는 사이트이다.
- **공공누리 글꼴**: 공공저작물을 제공하는 서비스로, 저작권 부담 없이 무료로 이용할 수 있다.

캔바와 미리캔버스

웹 기반 그래픽 툴을 활용하면 무료로 퀄리티 높은 PPT, 활동지, 포스터 등을 손쉽게 제작할 수 있다. 수업 자료 PPT, 활동지 제작 외에도 보건실 이용 안내 문구나 아이스팩 보관함 앞에 붙이는 안내문을 포스터 형태로 제작하여 부착할 수 있다. 단순한 글자 안내보다 시각적으로 눈에 잘 띄고, 학생들이 쉽게 인식할 수 있어 안내 효과가 높아진다.

또한 학생을 초대해 공동 작업을 진행할 수도 있고, AI 기능을 활용해 수업 준비와 자료 제작을 한층 더 간편하게 할 수 있게 되었다.

- **캔바**(Canva): 글로벌 플랫폼으로 디자인 감각이 세련되고, 폰트와 템

플릿 종류가 매우 다양하다. AI 이미지 생성 기능과 실시간 협업 기능이 특히 강점이다.

- 미리캔버스: 국내 플랫폼으로 한국어 폰트와 템플릿이 풍부해 한국 사용자에게 더욱 편리하다. AI 이미지 생성 기능도 지원한다.

게임을 활용한 자리 바꾸기

보건수업 초반에는 아이들의 이름을 빠르게 익히기 위해 출석번호 순으로 앉도록 한다. 그러나 세 번째 수업쯤 되면 곳곳에서 자리 변경 요청이 들어오기 시작한다. 이때 주로 활용하는 방법이 바로 '김밥말아 게임'이다. 이 게임은 1학기 보건수업 후 실시하는 만족도 설문에서 늘 '좋았던 점' 2~3위를 차지할 정도로 인기가 높다.

❶ 김밥말아 게임

학생들을 4~5명씩(또는 각 분단을 한 조로) 나누어 팀을 구성하고, 각 팀은 김밥 재료를 하나씩 맡는다. 김밥 재료는 김, 밥, 단무지, 시금치, 당근으로 구성하며, 학생 수가 많은 경우에는 계란, 햄, 오이 등 학생들이 원하는 재료를 추가할 수 있다.

최초의 술래 한 명을 정한 후 술래의 자리와 결석한 학생의 의자는 뒤로 밀어두어 게임이 진행되는 동안 반드시 한 명은 자리에 앉지 못하도록 구성한다.

게임은 모두 함께 "김밥 말아~! 김밥 말아~!"라는 구호를 외치며 시작한다. 술래는 구호가 끝난 후 "김, 단무지!"와 같이 김밥 재료 중 두 가지를 임의로 선택해 외친다. 그러면 해당 재료를 맡은 학생들과 술래가 동시에

빈자리를 찾아 이동한다. 이때 자리를 차지하지 못한 학생이 다음 게임의
술래가 된다. 또한 술래가 "김밥 말아!"라고 외치면 모든 학생이 자리를
이동한다.

미리캔버스 템플릿 활용

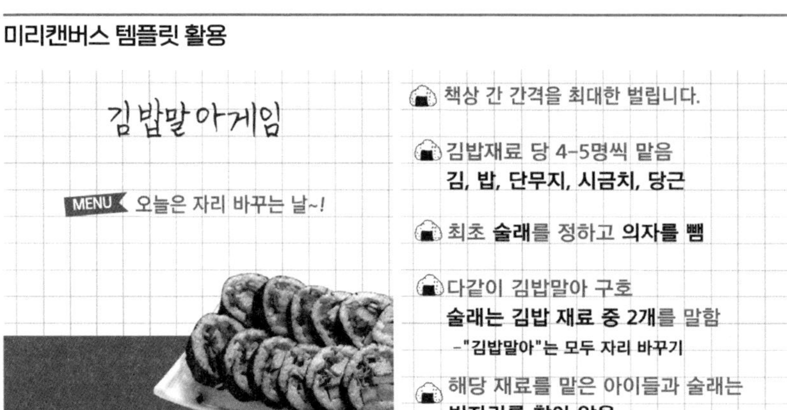

❷ 믹스 가위바위보

최초의 술래 한 명을 정한 뒤 술래의 자리와 결석한 학생의 의자는 뒤
로 밀어두어 게임이 진행되는 동안 반드시 한 명은 자리에 앉지 못하도록
구성한다.

앞에 나와 친구들과 마주 선 술래는 손을 번쩍 들고 '가위바위보'를 외
친다. 이때 술래와 '진 학생'은 빈자리를 찾아 이동한다. 자리에 앉지 못한
학생은 다음 술래가 되어 다시 "가위바위보!"를 외치며 게임을 이어 간다.

'이긴 학생', '비긴 학생' 또는 '진 학생과 비긴 학생'처럼 자리 이동 규칙
을 조금씩 바꾸면서 진행한다.

※ 김밥말아 게임과 믹스 가위바위보를 안전하고 즐겁게 진행하기 위한 유의 사항

이 두 가지 게임은 아이들이 자리 이동을 많이 하며 활동하는 만큼, 안전과 질서 유지를 위해 사전에 몇 가지를 꼭 준비하고 안내할 필요가 있다.

- **충분한 활동 공간 확보**: 아이들이 뛰거나 이동할 때 걸려 넘어지지 않도록 책상 간의 간격을 최대한 넓히도록 한다. 또한 바닥에 놓여 있는 에코백, 책, 물통 등은 모두 책상 위로 올려두도록 안내한다.
- **결석생·술래 자리 정리**: 아이들이 빈 의자를 보고 자리가 비었다고 착각하지 않도록 결석한 학생과 술래의 의자는 교실 뒤편으로 확실하게 밀어둔다. 또한 의자가 없는 공간은 자리가 아님을 명확히 안내한다. 아울러 서 있다가 지리를 뺏기는 상황에 대비해 게임 규칙을 사전에 정해 두는 것이 좋다. 예를 들어 구경하느라 잠시 자리를 비운 사이 다른 친구가 먼저 앉는 경우가 발생할 수 있다. 이때 혼란을 줄이기 위해 "게임 중에는 빈자리에 먼저 앉은 학생이 그 자리의 주인이다"라는 규칙을 미리 정해두면 활동을 보다 원활하게 진행할 수 있다.
- **연습 게임으로 규칙 익히기**: 처음에는 게임 규칙을 바로 이해하지 못하는 학생이 있을 수 있다. 따라서 본격적인 게임을 시작하기 전에 교사 또는 최초 술래와 함께 연습 게임을 해보면 아이들이 규칙을 자연스럽게 익히고 긴장도 풀 수 있다.
- **짐 이동 시 안전 유의**: 자리를 옮길 때마다 가방이나 짐을 함께 들고 이동하면 다칠 위험이 있다. 따라서 학생들에게 자리가 완전히 확정된 후에 짐을 옮기도록 안내해야 한다.
- **새로운 배치 좌석표 작성**: 자리 이동으로 최종 자리 배치가 확정되면 빈 좌석표에 바로 입력해 둔다. 모든 학생의 이름을 한 번에 외우기 어렵기 때문에 학생들이 앉은 순서대로 자신의 이름을 말하도록 한 뒤 그 순서에 맞춰 즉시 입력하면 보다 편리하다.

❸ 패들렛 TA로 통해 스마트 그룹 생성 또는 무작위 자리 뽑기 프로그램 활용

패들렛 TA의 '스마트 그룹' 기능에 학생 명단을 입력한 뒤 그룹 수와 추가 설명(무작위 등)을 설정하면 자리 배치가 가능하다.

또한 무작위 자리 뽑기 프로그램(https://seatpicker.netlify.app)을 활용하는 방법도 있다.

뽑기통 (옥이샘, 아이스크림몰)

스틱에 번호 스티커를 붙여 사용하는 아날로그식 뽑기 통으로, 보건수업 시간에 자주 활용하는 도구이다. 술래를 정하거나 발표자·실습 대표를 공정하게 선정할 때 유용하다.

모든 학생이 참여하기 어려운 상황에서 교사가 임의로 학생을 지목하거나 번호를 직접 골라 부를 경우 아이들은 때때로 공정하지 않다고 느낄 수 있다. 이럴 때 뽑기를 활용하면 선정 과정에 대한 불만을 줄이고, 공정성을 자연스럽게 확보할 수 있다.

실습 대기 학생들에게는 집중할 수 있는 다른 활동 제공하기

실습 시간에는 대기하는 학생들에게도 집중할 수 있는 다른 활동을 제공하는 것이 중요하다. 실습 차례를 기다리게만 하면 실습에 참여하지 않는 학생들은 자연스럽게 잡담하거나 산만해지기 쉽다. 따라서 실습에 참여하지 않는 동안에도 수업과 관련된 활동을 할 수 있도록 미리 준비해 두는 것이 좋다.

예를 들어 기도 폐쇄 응급처치 수업에서 하임리히 조끼 실습을 할 경우 실습 차례를 기다리는 학생들에게는 자리에 앉아 '하임리히법 4컷 만화'

를 작성하도록 한다. 또한 음주 예방 수업에서는 다른 친구들이 음주고글 체험을 하는 동안 '음주로 인한 피해에 대한 빈칸 채우기' 활동지나 고글 체험을 하는 친구들의 모습을 관찰하며 글이나 그림으로 기록하는 '관찰지'를 제공한다. 이렇게 하면 체험하지 않는 학생들도 수업의 흐름 안에서 능동적으로 참여하게 된다.

그럼에도 불구하고 활동지를 모두 마쳐 시간이 남는 학생들에게는 자신의 활동지나 작품을 한 번 더 살펴보며 보완해 보도록 안내한다.

수업이 일찍 끝났을 때 남은 시간 활용하기

수업이 예상보다 일찍 끝났을 때에는 학습 흐름을 유지하면서도 즐겁게 마무리할 수 있는 활동을 진행한다.

예를 들어 수업 내용과 연계한 '이구동성 게임'을 활용하면 자연스럽게 복습 효과를 얻을 수 있고, 학생들이 배운 내용을 즐겁게 다시 떠올리게 된다. 이구동성 게임은 3~4명이 동시에 주어진 글자를 외치면 무슨 단어인지 맞히는 활동이다.

또한 오늘 배운 주제와 관련된 'EBS 지식채널'의 짧은 영상 콘텐츠를 시청하며 내용을 확장하거나 '오늘 수업에서 궁금했던 점'을 자유롭게 질문하는 시간을 가질 수도 있다.

이 외에도 짧은 시간 안에 집중할 수 있는 '가라사대 놀이', '시간 감각 게임', '인간 제로'와 같은 활동은 학생들의 흥미를 자연스럽게 이끌며 수업을 즐겁게 마무리하는 데 도움이 된다.

보건수업 중 당황하게 만드는 아이들 대응 & 멘트

수업 시간 중간중간 궁금한 점을 질문하는 아이들

수업을 하다 보면 아이들이 궁금한 점을 즉시 질문하는 경우가 많다. 이 질문들은 수업 내용과 직접적으로 관련될 때도 있지만 전혀 다른 주제로 이어질 때도 있다. 수업에 도움이 되는 질문이라면 내용을 확장해 전체 아이들에게 함께 설명하지만, 여러 질문이 여기저기서 나오기 시작하면 수업의 흐름이 끊기거나 진행이 지연될 수 있다.

핵심 질문에는 답해주되, 수업과 크게 관련 없는 질문이 반복될 때는 적절히 정리하고 본 수업으로 자연스럽게 돌아오도록 해야 한다. "지금은 선생님이 설명하는 시간이니까 수업이 끝난 후에도 궁금하면 손을 들고 질문해 주세요"라고 안내한다.

아이들의 질문에 즉각적인 반응은 자제하고, 수업이 끝난 뒤에도 여전히 궁금한 내용만 질문하도록 유도한다. 이렇게 하면 대부분의 학생은 수업을 들으며 자연스럽게 궁금증이 해소되고, 정말 필요한 질문만 남게 된다. 또한 수업과 직접 관련되지 않은 질문은 과감히 제한하여 수업 집중도를 높인다.

수업 시간에 일부 아이들만 발표하게 되는 상황

수업 중 퀴즈나 질문을 하면 발표하고 싶어 손을 드는 학생이 많다. 하지만 누가 발표했는지 모두 기억하기 어렵고, 소극적인 학생들은 적극적인 학생들에 눌려 기회를 얻지 못하는 경우가 생긴다. 특히 빨리 손을 든 학생을 우선으로 발표시키면 순발력 게임이 되어버리기도 한다.

이 문제를 해결하기 위해 모든 학생이 고루 발표할 수 있는 방법을 고민하던 중, '발표 신호'라는 방법을 활용하게 되었다. 발표 신호란 손을 들 때 그 수업 시간 동안 발표한 횟수를 손가락으로 표시하는 것이다. 이때 발표 신호는 수업마다 새로 시작(0부터)한다.

예를 들어 한 번 발표했다면 검지 하나, 두 번 발표했다면 검지와 중지를 펴 V 표시로, 한 번도 발표하지 않았다면 주먹을 쥐는 식으로 손가락으로 교사에게 신호를 보낸다. 이때 손을 든 횟수가 아니라 실제로 발표한 횟수를 의미한다는 점을 사전에 명확히 안내해야 하며, 그렇지 않으면 손만 자주 든 학생이 발표를 많이 한 것으로 오해받을 수 있다.

이 외에도 발표 기회를 고루 주기 위한 방법으로 "하나, 둘, 셋!" 신호 후 모두 동시에 정답 외치기, 정답을 공책에 적기, 뽑기, 선생님과 가위바위보 해서 최종으로 남는 친구 등이 있다.

소란스러운 아이들

수업 중 뒤돌아 앉거나 옆 친구와 이야기하는 등 소란을 피우는 학생들이 있다. 이때 그냥 넘어가면 아이들은 "보건수업은 떠들어도 괜찮구나"라고 생각하게 된다. 이렇게 한 번 허용되면 이후로는 통제가 더 어려워지고, 떠드는 분위기가 점점 강화된다. 따라서 행위가 보이면 즉시 그리고 끊임없이 반응하며, "선생님이 지켜보고 있다"라는 인식을 학생들에게 분명히 심어주는 것이 중요하다.

개인적으로 보건수업을 하면서 가장 어려웠던 점은 소란스러운 아이들과 마주하는 일이었다. 수업 분위기가 흐트러질 때마다 어떻게 대응해야 할지 고민하게 되었고, 어떤 방법이 효과적인지, 또 그중에서 나에게 가장 잘 맞는 방식은 무엇인지에 대해 깊이 생각해 보게 되었다. 그 과정에서 다양한 사례를 찾아보고, 여러 전략을 시도하며 아이들과의 관계를 유지하면서도 질서 있고 즐거운 수업 분위기를 만드는 방법을 꾸준히 공부하고 있다.

❶ 집중 신호 만들기

아이들의 주의를 집중시켜야 할 때는 "조용히 하고 앞을 보세요"처럼 직접적인 지시보다 '집중 신호'를 활용하는 것이 효과적이다. 예를 들어 교사가 "5학년!"이라고 말하면 학생들이 "3반!"이라고 외치며 박수 "짝짝 짝!" 하고 호응하는 방식이다. 이런 신호를 사용하면 자연스럽게 교실 분위기를 정리할 수 있다.

집중 신호 이후에는 "앞을 보세요"보다는 "모두 선생님 눈을 바라보세요"처럼 구체적인 표현이 더 효과적이다. 또한 모든 학생이 실제로 교사에게 집중하고 있는지 차분히 확인한 뒤 수업을 이어 가야 말에 힘이 실린다.

집중 신호는 수업 첫 시간에 미리 안내해 두는 것이 좋다. 처음부터 약속해 두면 학생들은 '이 신호가 나오면 지금은 집중해야 하는 시간'임을 자연스럽게 인식하게 된다.

반대로 집중 신호 없이 "조용히 해주세요", "앞을 보세요"라고 말하면 일부 학생만 반응하고 나머지는 여전히 산만한 경우가 많다. 하지만 집중 신호를 사용하면 교사와 학생이 '지금은 수업에 집중해야 한다'라는 공통된 신호를 공유하게 되어 짧은 순간에 교실 분위기를 효과적으로 정리할 수 있다.

❷ 보건수업 3원칙 활용하기

보건수업은 이론뿐 아니라 실습과 체험활동이 함께 이루어지기 때문에 학생들이 흥미로워하는 만큼 통제가 어려워질 때가 많다. 그래서 수업 초반에 '보건수업 3원칙'을 정하고 지속적으로 상기시키는 것이 매우 중요하다. 이 원칙을 통해 학생들은 자신의 행동을 조절하고, 모두가 안전하고 즐겁게 참여할 수 있는 분위기를 만들 수 있다.

첫 번째 원칙: 남에게 피해주지 않기

이 원칙에는 영상 시청 중 잡담을 하거나, 실습 시간에 장난을 치거나 비명을 지르는 행동, 자리를 이탈하는 경우, 수업과 무관한 이야기를 하는 상황 등이 포함된다.

이 원칙은 영상 시청 전이나 실습 전에 미리 '하면 안 되는 행동'을 제시함으로써 아이들이 스스로 자신의 행동을 돌아보게 하는 예방적 효과가 있다.

또한 실제로 이러한 행동이 나타났을 때는 "보건 수업의 첫 번째 원칙이 뭐였지?"라고 상기시켜 주면 아이들을 자연스럽게 제지할 수 있다.

두 번째 원칙: 선생님이 말할 때나 친구들이 발표할 때 말하지 않기

수업 중 발표하고 싶은 마음이 앞서거나 친구 말에 반응하고 싶을 때 무심코 말을 섞는 아이들이 종종 있다. 하지만 선생님이 설명하고 있을 때나 친구가 발표하고 있을 때 말하는 행동은 수업의 흐름을 끊고, 발표하는 친구의 집중을 방해할 뿐만 아니라 다른 학생들의 학습에도 영향을 준다.

수업 초반부터 "선생님이 말할 때, 친구가 발표할 때는 조용히 듣는다"라는 약속을 명확히 세우고 반복적으로 상기시키면 교실 내 질서가 안정되는 환경을 조성할 수 있다.

보건수업에서는 심폐소생술, 응급처치 등 몸을 움직이는 활동이 많다. 특히 게임이나 실습 활동 중에는 의도치 않게 다치는 경우가 생길 수 있다.

활동 전 "무조건 다치지 않게, 조심조심!"을 강조하며, '안전이 최우선'이라는 인식을 심어준다. 이렇게 사전에 주의를 주면 학생들도 스스로 속도를 조절하고, 주변을 살피며 행동하게 된다.

❸ 수업 신호등

체험이나 실습을 진행하다 보면 아이들이 즐겁게 참여하는 모습은 좋지만, 때로는 분위기가 과열될 때가 있다. 정호중 선생님의 블로그 〈멍멍샘의 교실〉에서 소개한 놀이 신호등 아이디어를 참고하여 미리캔버스 템플릿으로 보건수업용 신호등을 제작하였다.

첫 장에는 "운전할 때처럼 수업, 놀이, 실습할 때도 지켜야 할 것이 있습니다"라는 문구를 넣었다.

신호등의 의미는 다음과 같다.

- **초록불**: 모두가 즐겁게 참여하며 규칙과 질서를 잘 지키는 상태
- **노란불**: 규칙을 지키지 않는 학생이 생기고, 소란스러워지기 시작한 상태
- **빨간불**: 더 이상 진행하기 어려운 상태로, 잠시 멈추고 잘할 방법을 찾아야 하는 단계

수업 중 아이들의 참여 모습을 살피며 상황에 따라 화면에 해당 신호등 색을 띄운다.

신호등 점등 기준은 소음 측정기 애플리케이션을 활용해 노란불이 3회 켜지면 빨간불로 전환되는 규칙을 적용하기도 했다. 노란불이 켜질 때마

다 아이들은 스스로 목소리를 낮추며 질서를 회복하려는 모습을 보인다.

- **초록불**: 약 60dB(일상 대화, 조용한 도서관 수준)
- **노란불**: 70~80dB(헤어드라이어 소리 수준)
- **빨간불**: 80dB 이상(지하철 플랫폼, 굴삭기 소리 수준)

❹ 스마일을 모으면 보상

학생들이 '보건수업 3원칙'을 잘 지킨 날에는 '스마일'을 부여한다. 스마일 모양 자석을 학급별 판에 부착하고, 정해진 개수의 스마일이 모이면 작은 간식 등 보상을 제공한다. 이러한 방식은 단순히 보상을 주는 것에 그치지 않고, 학생들이 스스로 규칙을 지키는 행동을 강화하도록 돕는다. 즉 벌점과 같은 부정적 방식이 아니라 정적 강화(Positive Reinforcement)를 활용하여 학생들이 바람직한 행동을 반복하도록 유도하는 것이다. 이를 통해 수업 분위기는 한층 긍정적으로 변화하고, 아이들은 즐겁고 질서 있는 환경 속에서 보건수업에 몰입할 수 있게 된다.

간식은 자주 주기보다는 가뭄에 콩 나듯 드물게 주는 것이 효과적이다. 자주 제공하면 아이들에게 당연하게 느껴져 감사함이나 동기 부여의 힘이 약해질 수 있다. 반대로 예기치 않게 제공되는 간식은 아이들에게 큰 즐거움과 성취감을 주며 수업 참여 의욕을 높여준다.

또한 간식 제공 사실을 미리 알리는 것보다는 수업이 끝날 무렵 자연스럽게 제공하는 것이 좋다. 수업 시작 전부터 "오늘 간식이 있다"라는 이야기를 하면 아이들의 관심이 온통 간식에 쏠려 수업 분위기가 쉽게 산만해질 수 있다.

따라서 간식은 언급 없이 수업을 마무리한 후 조용히 '오늘 수업을 잘 마친 보상'으로 전달하면 학습 집중도와 만족도 모두 높일 수 있다.

❺ 1-2-3 매직(쓰리아웃)

이 방법은 교실 전체뿐만 아니라 학생 개인에게 적용하기에도 효과적인 방법이다. 수업 중 방해되는 행동이 보일 때 교사가 장황하게 설명하거나 감정적으로 반응하지 않고 일관된 단계별 경고 방식을 사용한다.

먼저 "○○이 하나" 하고 잠시 기다려준다. 비슷한 행동이 반복되면 "○○이 둘"이라고 말하며, 여전히 개선되지 않으면 세 번째 단계로 넘어간다. 카운팅은 해당 수업 시간에만 유효하고 다음 시간에는 초기화된다.

세 번째 단계에서는 상황에 따라 다음과 같은 방식으로 조치한다.

- 전체적인 소란일 경우: 수업이나 실습을 잠시 멈추고 '침묵 유지' 시간을 갖는다. 모든 학생이 교사를 바라보며 집중하는 것이 확인되면 다시 수업을 진행한다.

추가적인 경고가 필요할 때는 전체 학생을 대상으로 '1분간 눈을 감고 집중하는 연습'을 실시한다. 이때 집중하지 않는 학생이 보이면 10초씩 시간을 추가한다. "여러분 모두가 집중해야 연습을 끝내고 수업이나 실습을 다시 진행할 수 있습니다"라고 안내하면 학생들은 자연스럽게 공동의 목표를 인식하게 된다.

이러한 방식은 집단의 집중력을 효과적으로 회복시키며, 교사가 말을 많이 하지 않아도 교실 분위기를 차분하게 정돈할 수 있다.

- 개인적인 문제 행동일 경우: 해당 학생을 실습의 마지막 순서로 보내거나 일시적으로 실습에서 제외한 후 집중하려고 노력하는 모습이 보이면 다시 참여시킨다. 즉 특정 학생만 계속 산만할 경우 그 학생만 일시적으로 놀이나 실습을 중단하게 한다.

하지만 실습이 없는 보건수업에서는 실습 참여를 제한하기도 어렵고,

'쓰리아웃'을 위한 별도 공간을 마련하는 등 대체 방법을 사용하기도 쉽지 않다. 이 때문에 실제로 3단계를 적용할 수 있는 방법은 많지 않은 것이 현실이다.

이런 상황에서 아이들이 스스로 자신의 행동을 돌아보고 '책임 있는 행동'을 연습할 수 있도록 돕는 방식을 시도해 보았다. 바로 '보건수업 생각카드'이다. 이 카드는 수업 중 세 번째로 주의를 받거나 지속적으로 수업에 방해가 되는 행동을 한 학생에게 제공한다. 이는 단순한 처벌이 아니라 학생이 자신의 행동을 스스로 되돌아보고, 다음 수업에서는 어떤 태도가 더 바람직할지 고민하게 하는 자기성찰 도구의 성격을 지닌다.

보건수업 생각카드를 받은 학생은 수업 시간 내에 작성하여 제출하도록 하며, 시간 안에 작성을 마치지 못한 경우에는 잠시 시간을 내어 바로 완성하거나 다음 쉬는 시간까지 작성해 제출하게 한다.

이 과정을 통해 학생은 자신의 행동을 객관적으로 바라보게 되고, 비슷한 상황이 다시 발생했을 때 어떤 선택을 해야 할지 스스로 생각해 볼 수 있는 기회를 얻게 된다.

보건수업 생각카드의 내용은 다음과 같다.

1. 오늘 내 행동을 스스로 돌아보기

　□ 친구들이 집중하는 데 내가 방해가 되었나요?

　　→ ____

　□ 선생님이 3번까지 셌던 이유는 무엇이었을까요?

　　→ ____

☐ 내가 한 행동을 한 문장으로 적어볼까요?

　　→ ____

2. 그 행동이 어떤 영향을 주었을까?

☐ 수업 시간에 어떤 일이 일어났나요?

　　→ ____

☐ 내 행동이 친구들이나 선생님께 어떤 영향을 주었을까요?

　　→ ____

3. 다음 시간에는 이렇게 해볼래요!

☐ 나는 다음 시간에 (　　　　　)하며 수업에 참여하겠습니다.

예) 조용히 손 들고 말하기 / 친구 이야기 끝까지 듣기 / 자리에서
일어나지 않기 등

　　→ ____

1-2-3 매직의 가장 큰 장점은 교사의 불필요한 에너지 소모를 줄여줄 수 있다는 것이다. 학생에게 일관된 기준을 제시함으로써 교사는 감정적으로 대응하지 않고, 안정된 분위기 속에서 수업 흐름을 유지할 수 있다. 또한 학생들은 자신이 어느 단계에 있는지 명확히 인식하게 되어 스스로 행동을 조절하는 능력을 기를 수 있다.

1-2-3 매직은 토머스 W. 펠런, 세라 제인 쇼너의 『행복한 교실을 위한 1-2-3 매직』과 정호중 선생님의 블로그 〈멍멍샘의 교실(행복한 교실을 위한 1-2-3 매직)〉을 참고하였다.

❻ 보이는 그대로 언급하기

수업 중에 뒤돌아 앉아 있거나 혼자 큰 목소리로 말하는 모습, 혹은 옆 친구와 대화하는 장면이 보일 때에는 보이는 그대로의 행동과 상황을 차분하게 말해준다.

"선생님을 보지 않고 혼자 뒤돌아 앉아 있는 친구가 있습니다."

"지금 목소리가 너무 커서 선생님 자리까지 소리가 들립니다."

"지금 친구와 이야기를 하고 있는 학생이 있어서 수업을 진행하기 어렵습니다."

이렇게 현재의 상황을 그대로 언급하면 학생은 자신의 행동을 자연스럽게 인식하게 된다. 또는 "지금은 수업 시간이야"처럼 짧고 명확하게 상황을 알려주는 것도 효과적이다.

이러한 방법은 교사가 불필요한 설득이나 반복 설명을 하지 않아도 되어 교사의 에너지를 아끼면서 수업의 흐름을 안정적으로 유지하는 데 도움이 된다.

❼ 침묵 유지하기, 가까이 다가가기

수업 중 소란스러운 상황이 발생했을 때 교사가 꼭 말해야만 분위기를 통제할 수 있는 것은 아니다. 오히려 아무 말 없이 멈추어 침묵을 유지하는 것이 더 강력한 메시지를 전달할 때가 많다.

교사가 말을 멈추고 잠시 침묵을 유지하면 학생들은 자연스럽게 "무슨 일이 있나?" 하고 주의를 교사에게 돌린다. 이 짧은 침묵의 순간은 교실 분위기를 안정시키는 효과가 있으며, 말보다 행동으로 '지금은 집중해야 할 시간'임을 보여주는 비언어적 신호가 된다.

또 다른 방법으로는 수업을 방해하는 학생에게 조용히 다가가는 것이 있다. 굳이 그 자리에서 언성을 높이거나 지적하지 않고, 가까이 다가가 시선이나 존재감으로 조용히 메시지를 전달하여 자연스럽게 행동을 멈추게 한다. 가까이 다가가는 것만으로도 대부분의 학생은 자신의 행동이 부적절했음을 깨닫고 스스로 자제하게 된다.

❽ 비언어적 신호

말로 제지하기보다 무표정과 행동을 활용해 수업 분위기를 조성한다. 말이 많아질수록 말의 힘은 오히려 약해진다. 머리를 넘기거나 시계를 바라보는 행동, 팔짱을 끼는 등의 비언어적 신호를 사용하면 '지금은 수업에 집중해야 할 시간'이라는 메시지를 자연스럽게 전달할 수 있으며, 교사가 감정적으로 대응하지 않을 수 있다.

또한 소수의 시끄러운 학생 때문에 교사가 감정을 실어 학급 전체를 향해 말하는 것은 바람직하지 않다. 이러한 방식은 오히려 수업에 적극적인 학생들까지 위축시킬 수 있기 때문이다.

설명 이해에 시간이 필요한 아이들

교사의 설명을 들었음에도 이해하지 못하고 헤매는 아이들이 있다. 이 경우에는 이해하기 쉬운 용어로 풀어서 다시 한번 설명해 준다. 여러 지시를 한꺼번에 해야 하는 상황이라면 짧고 명확하게 단계별로 안내하는 것이 효과적이다.

"첫째, 활동지는 바구니에 넣습니다."

"둘째, 책상과 의자를 정리합니다."

"셋째, 밖으로 나가 줄을 섭니다."

또한 속도가 느린 학생들이 있으면 같은 내용을 칠판에 적어두어 시각적으로 확인할 수 있도록 돕는다. 겉보기에는 집중하는 것처럼 보여도 막상 활동을 시작하면 처음 듣는 것처럼 행동하는 아이들이 적지 않다. 교사도 이 부분은 당연히 알겠지 하고 설명하지 않고 넘어가는 경우가 있다. 생각보다 아이들은 세밀하고 자세한 설명이 있어야 한다.

예를 들어 붕대 감기 실습 전 충분히 설명했음에도 불구하고 실제 실습 과정에서 어려움을 겪는 학생들이 나타나는 경우가 있다. 따라서 교사는 직접 시범을 보이며 "적당한 압력으로 당겨 감기", "말려 있는 상태에서 사용하기", "한 바퀴를 돌릴 때마다 1/2~1/3 정도 겹치며 감기"와 같이 핵심 동작을 구체적이고 단계적으로 실넝한다. 시범 영상이나 교사의 직접 시범 제공 여부에 따라 학생들의 과제 수행력에는 뚜렷한 차이가 나타난다.

수업 시간에 다투는 아이들

보건교사는 한시적으로 학생들을 만나기 때문에 그 학생이 어떤 성향인지, 어떤 관계에서 주로 갈등이 생기는지 정확히 파악하기 쉽지 않다.

대부분의 다툼은 이미 이전부터 형성되어온 친구 관계나 감정에서 비롯되는 경우가 많다. 따라서 보건수업 시간에 발생한 다툼을 깊이 파고들기보다는 현재 수업 중에 일어난 상황에 한해서만 짧고 명확하게 문제를 해결하고, 심각한 사안이라면 담임교사와 상황을 공유한다.

"○○와 ○○는 마주 보고 서세요(또는 앉으세요)."

"방금 일어난 상황에 대해 한 명씩 이야기해 보세요;" (일어난 일을 양쪽에 간단히 물으며 상황 파악을 하되, 한쪽 편을 들지 않는다)

“서로에게 하고 싶은 말이나 서로 바라는 점을 말해보세요.” (각자의 이야기를 들은 후 서로에게 하고 싶은 말을 한다. 이때 화내거나 남 탓을 하지 않도록 한다)

“이 시간 이후에는 이 상황에 대해 더 말하지 않기로 서로 약속(동의)하는 겁니다.” (심각한 사안이라면 해당 학급 담임교사와 상황을 공유한다)

빨리 끝냈다고 떠드는 아이들

본인의 활동을 모두 마친 후에는 일부 학생들이 다른 친구의 활동을 방해하거나 잡담하며 수업 분위기를 흐트러뜨리는 경우가 있다. 이러한 상황을 예방하기 위해 미리 완료한 학생들이 할 수 있는 추가 활동을 준비해 둔다. 예를 들어 학생들에게 자신이 작성한 활동지나 그림, 꾸미기 내용을 조금 더 보완해 보도록 안내할 수 있다.

만들기 활동에서는 작업을 먼저 마친 학생들에게 ‘히어로’ 역할을 부여해 진행에 어려움을 겪고 있는 친구들을 도와주도록 한다.

또한 여유가 있는 학생들에게는 남은 시간을 활용하여 수업 주제와 관련된 이구동성 게임 미션을 직접 만들어보게 하거나, 수업 내용을 바탕으로 친구들과 함께 풀 수 있는 퀴즈 2~3개를 스스로 구성해 보도록 할 수도 있다.

그 외에도 보건 교과서 읽기, 활동지 뒷면에 ‘오늘 새롭게 알게 된 점’이나 ‘가장 기억에 남는 점’ 세 가지를 적게 하는 활동을 제시하면 자연스럽게 수업 내용을 복습하면서 조용히 자기 활동에 몰입할 수 있다.

PART 3

자주 묻고,
자주 헷갈리는 업무

CHAPTER 08

자주 묻는 질문 리스트
_ 보건실에서 가장 많이 받는 질문 Top 4

교직원 심폐소생술

매년 교육받아야 하나요?

교직원 심폐소생술은 「학교보건법」에 따라 해마다 실습 2시간 포함 최소 3시간 이상 이수하여야 하는 연수이다.

실제 매년 교육받아도 새롭게 느껴지는 경우가 많아서 매년 반드시 받아야 할 연수라고 생각한다.

만약 다른 법령(「응급의료법」, 「119법」, 「어린이안전법」 등)에 따라 심폐소생술 등 관련 내용이 포함된 교육을 이수하였거나, 교육 기준을 충족하는 외부기관(보건안전진흥원 등)의 심폐소생술 교육 및 연수를 받은 경우는 대체할 수 있다.

대상은 어디까지 선정해야 하나요?

지침에 따른 교육 대상은 모든 교직원(기간제 교사 포함), 학교 운동부 지도자, 스포츠 강사 등 학교 스포츠 활동과 관련된 사람 그리고 교육감 소속의 일반직 공무원(행정실)이다.

그 밖의 교직원에 대한 교육 실시 여부는 학교장이 해당 교직원의 학생 교육 참여 정도를 고려하여 교육 대상을 선정하게 되어 있고, 학생 교육에 직접 참여하는 직원은 반드시 교육 대상에 포함하여야 한다.

'학생 교육에 직접 참여하는 인원'의 기준이 모호할 수 있어 대상 선정 범위는 학교마다 다를 수 있다. 이 경우 교무실에 교직원 명단(또는 연수 명단)을 요청하면 제공받을 수 있으며, 해당 명단에는 교장, 교감, 교사, 일반직 공무원, 공무직 등이 포함되어 있다. 대부분 정기적으로 근무하는 교직원 명부이므로 그중에서 청소 여사님, 당직 기사님 등은 제외하고 대상으로 선정하면 된다.

학교 연수에 참여하지 못한 경우는 어떻게 해야 하나요?

출장이나 개인 일정 등으로 학교 주최 연수에 참여하지 못하는 경우에는 개인적으로 신청·예약하여 이수해야 한다. 무료 교육기관으로는 서울특별시교육청 보건안전진흥원, 시민 안전 체험관(광나루·보라매) 등이 있으며, 중앙교육연수원이나 서울교육청 교육연수원을 통해 온라인으로 이론을 이수한 후 실습 2시간을 제공하는 기관에서 교육을 따로 이수해도 된다. 특히 심폐소생술 연수는 3시간을 확보해야 하므로 학기 초에 미리 날짜를 안내하여 교직원들이 일정을 조정할 수 있도록 한다.

나이스에 등록해야 하나요?

교직원 심폐소생술은 직무연수가 아니므로 나이스에 등재하지 않아도 된다. 2018년 이후 학교 자체 계획에서 의거하여 실시한 연수의 경우에 등재가 불필요하다. 다만 원하는 경우 개인적으로 교사는 '기타 연수', 일반직 공무원 등은 '상시 학습'으로 등록할 수 있다. 대부분의 학교에서는 교직원 심폐소생술 이수 현황을 내부기안으로 기록하여 관리하고 있다.

교직원 결핵검진과 잠복결핵검진

매년 검사받아야 하나요? 흉부 엑스레이랑 잠복결핵은 다른 건가요?

결핵검진은 흉부 엑스레이를 촬영하는 것이고 매년 실시해야 한다. 잠복결핵검진은 면역학적 검사로서 피 검사이며, 학교에 소속된 기간 중 1회(다른 기관·학교 등으로 그 소속을 변경하여 근무한 기간을 포함) 실시하여야 한다.

신규 채용된 사람은 신규 채용을 한 날부터 1개월 이내, 휴직·파견 등의 사유로 6개월 이상 업무에 종사하지 않았다가 다시 업무에 종사하게 된

교직원 결핵검진과 잠복결핵검진

	결핵검진	잠복결핵검진
검사 방법	흉부 엑스레이	혈액검사
실시 주기	매년	1회
신규 채용	1개월 이내 실시	
복직자		
가격대	일부 보건소 무료 ~ 5,000원 내외	40,000원~50,000원
	가격은 의료기관마다 다름	

(※ 근거: 「결핵예방법」 제11조(결핵검진 등), 「결핵예방법 시행규칙」 제4조(결핵검진 등의 주기 및 실시 방법)

사람에 대해서는 다시 업무에 종사하게 된 날부터 1개월 이내에 결핵검진을 시행하여야 한다.

대상은 어디까지 선정해야 하나요?

모든 교원·교직원은 「결핵예방법」에 따라 결핵검진을 시행해야 한다. 직렬, 직종, 근로 형태, 고용 주체 등에 관계없이 모두 실시해야 하며, 일회성 강사 등 업무 지속성이 없는 경우에는 제외할 수 있다. 결핵은 전파 가능성이 높아서 대상 범위를 최대한 넓게 선정하는 것이 바람직하다. 특히 학생과 밀접하게 접촉하는 교직원이나 근무 인원은 모두 검진 대상에 포함하는 것이 좋다.

잠복결핵검진은 어디서 하나요?

인근 병의원에 검진 가능 여부, 가격 문의 후 방문한다. 결핵 검사 의료기관 검색 사이트 '결핵 제로 누리집'에서 검사 가능한 병원을 확인할 수 있다.

- 질병관리청 결핵 ZERO → [의료기관검색] → [잠복결핵감염치료의료기관]

이 사이트에서는 결핵에 대한 정보, 정책, 최신 교육 및 홍보자료 등 다양한 정보도 얻을 수 있다.

올해 국가건강검진 대상이라 흉부 엑스레이 촬영했는데 또 해야 하나요?

다른 법령에 따라 건강진단을 받은 경우, 즉 국가건강검진을 받았다면 「결핵예방법」에 따른 결핵검진을 받은 것으로 대체할 수 있다. 또한 결핵 또는 잠복결핵 감염의 치료 이력이나 면역학적 검사에서 양성 판정을 받은 적이 있는 경우 검사하지 않아도 된다. (문진과 진찰로 대체 가능)

복무는 어떻게 하나요? 공가 사용해도 되나요?

공가란 공무원이 일반 국민의 자격으로 국가기관의 업무 수행에 협조하거나 법령상 의무의 이행이 필요한 경우에 부여받는 휴가이다. 건강검진이나 결핵검진은 수업에 지장이 없는 한도 내에서 '공가' 처리하여 검진할 수 있다.

나이스 근무 상황 신청에서 공가를 클릭하면 공가 해당 사유에 대한 팝업창이 표출된다. (건강진단, 건강검진, 결핵검진 등)

(※ 근거:「국가공무원 복무규정」제19조(공가) 6호,「지방공무원 복무규정」제7조의6(공가) 5호)

법정감염병

법정감염병인지 어떻게 확인할 수 있나요?

- 질병관리청 감염병 포털에서는 감염병 정보를 체계적으로 확인할 수 있다. [감염병정보] → [법정감염병] 메뉴에서 급별·색인별로 법정감염병을 확인할 수 있으며, 한국표준질병분류(KCD) 코드도 함께 확인할 수 있다. 각 감염병명을 클릭하면 정의, 전파경로, 증상, 전염 기간, 치료, 예방 등 자세한 정보가 제공되어 교육 자료나 가정통신문 작성 시 참고하기에 유용하다.
- 학교 감염병 예방·위기 대응 매뉴얼 제3차 개정판 p.34~36에서 법

정감염병을 확인할 수 있다. 매뉴얼은 교육부 학생건강정보센터 자료실에서 다운로드 받을 수 있다.

- 네이버 검색창에 질병명 + 법정감염병으로 입력하면 해당 질병이 몇급 감염병인지 쉽게 확인할 수도 있다.
- 그 외 'HIRA 요양기관업무포털 건강보험심사평가원'에서 질병코드로 법정감염병 여부를 확인할 수 있다. [업무안내] → [정보방] → [청구관련코드조회] → [상병분류기호]에서 처방전에 나와 있는 상병분류기호를 입력하여 확인할 수 있다.

학교 주요 감염병 등교 중지 기간은 어떻게 되나요?

해당 내용은 「학교 감염병 예방·위기 대응 매뉴얼」 제3차 개정판에서 자세히 확인할 수 있다. 특히 담임교사들이 가장 많이 문의하는 부분은 감염병별 등교 중지(격리) 기간에 관한 사항으로, 아래에 주요 감염병의 격리 기준을 정리하였다.

주요 감염병 격리 기준

감염병	등교 중지(격리) 기간
수두	모든 수포에 가피가 형성될 때까지
수족구병	수포 발생 후 6일간 또는 가피가 형성될 때까지
급성 출혈성 결막염	격리 없이 개인위생 수칙을 철저히 지킬 것을 권장(단, 감염성이 있다는
유행성 각결막염	의사 소견이 있는 경우 등교 중지)
유행성 이하선염	증상 발생 후 5일까지
감기군	등교 중지 안 함
인플루엔자	유행 차단을 위한 등교 중지는 의미 없지만 환자 상태에 따라 실시 - 방역 당국의 '인플루엔자 관리 지침'이 있을 경우 그 지침의 등교 중지 기간을 우선 적용

b형 헤모필루스 인플루엔자	항생제 치료 시작 후 24시간까지
노로바이러스	증상 소실 후 48시간까지
백일해	항생제 투여 후 5일까지
성홍열	항생제 치료 시작 후 24시간까지
수막구균성 수막염	항생제 치료 시작 후 24시간까지
풍진	발진 7일 전부터 7일 후까지
홍역	발진 4일 전부터 4일 후까지

출석 인정 서류는 무엇을 받아오면 되나요?

등교 재개 시 법정감염병 또는 확산의 우려가 있는 감염병이라는 의사의 진단 결과가 기재된 '진료확인서, 의사소견서, 진단서' 중 1개를 제출하면 된다.

코로나와 같이 국가 위기 상황 발생 시에는 진료비 계산서, 영수증, 약제비가 있는 경우 처방전 및 약제비 계산서·영수증도 가능하다.

출석 인정을 받기 위해서는 증빙서류에 병명과 등교 중지 기간(의사 소견 일자)이 반드시 기재되어야 한다. 또한 서류상 등교 중지 기간과 실제 미등교 기간이 일치해야 출석 인정이 원활하게 처리될 수 있다.

출결 증빙서류에 적힌 날짜와 실제 등교 중지일이 달라요

등교 중지가 필요한 감염병으로 확진된 경우 격리 기간 동안 등교 중지가 실시된다. 이때 격리 기간, 등교 재개 여부의 판단은 원칙적으로 '의사의 소견'에 따르며, 증상이 소실되고 진단서 등의 등교 중지 기간으로 판단한 등교 중지 기간이 종료되면 등교를 재개한다.

학교 감염병 예방·위기 대응 매뉴얼에 나온 격리 기간과 실제 등교 중지 기간이 다르더라도 의사 소견서에 명시된 기간이 있으면 출석 인정이 가능하다. 단 증빙서류에 출석 인정이 필요한 기간이 모두 명시되어 있지 않은 경우에는 원칙적으로는 출석 인정이 불가하다. 다만 교무부의 출결 처리 기준이 학교마다 다를 수 있으므로 이 경우에는 교무부에 직접 문의하는 것이 가장 정확하다.

감염병 증상이 있어 결석한 날은 출석 인정이 되나요?

학교 감염병 예방·위기 대응 매뉴얼에 따르면 등교 중지가 필요한 감염병이 '의심'되는 경우 확진 여부를 확인할 때까지 등교 중지를 시행해야 하며, 진료 결과 감염병이 아니었다 하더라도 결과 확인까지의 기간은 출석으로 인정된다.

출결 증빙서류로 처방전도 되나요?

진료확인서, 의사소견서, 진단서 중 한 가지를 제출하는 것을 권장하지만 부득이한 경우 처방전도 인정된다. 처방전은 KOICD 질병분류센터 웹사이트에서 질병코드 확인 후 인정 가능하다.

출석 인정 서류는 언제까지 제출해야 하나요?

학교생활기록 작성 및 관리 지침 별표8(출결 상황 관리 등)에 따르면 결석한 날부터 5일 이내에 의사의 진단서 또는 의견서(병명, 진료 기간 등이 기록된 의사 소견서, 진료확인서 등의 증빙서류)를 첨부한 결석신고서를 제출하여 학교장의 승인을 받은 경우라고 명시되어 있다. 즉 결석일로부터 5일 이내에 서류를 제출해야 한다.

법정감염병은 아닌데 병원에서 등교 중지하라고 했어요. 출석 인정이 되나요?

감염병마다 질병관리청에서 명시한 격리 기간이 있지만, 격리 기간은 원칙적으로 의사의 소견을 따른다. 즉 법정감염병이 아니더라도 감염성이 있어 등교 중지(격리)가 필요하다는 의사 소견이 있으면 출석 인정이 가능하다.

예시

법정감염병은 아닌데 의사 선생님께서 등교 중지하라고 하셨어요.
→ 감염성이 있어 등교 중지가 필요하다는 의사 소견이 있으면 출석 인정 가능합니다. 진료확인서 등 출결 증빙서류에 기간이 명시되어 있어야 합니다.

언제부터 등교 가능한가요?

증상이 없고 등교 중지 기간이 종료되면 등교가 가능하다. 등교 중지 기간이 끝나기 전에 등교하고 싶다면 등교 중지 끝나기 전에 감염성이 소실되었다는 의사의 소견을 제시하면 등교가 가능하다. 등교 중지 기간이 끝났는데도 증상이 남아 있어 등교를 못 할 것 같다면 그에 대한 의사 소견을 제시하면 등교 중지 기간 연장이 가능하다. 의사의 소견은 진료확인서, 의사소견서, 진단서 중 1개를 제시하면 된다.

예시

유행성이하선염은 증상 발생 후 5일까지가 격리 기간으로 되어 있습니다.

해당 학생은 5일이 지났지만 여전히 증상이 있어 아직 등교하기 힘들다고 합니다. 딱 5일까지만 출석 인정이 되나요?

→ 병명과 그 기간에 대한 의사 소견이 기입되어 있다면 출석 인정이 가능합니다. 명시되어 있지 않은 기간은 질병 결석으로 처리됩니다.

학교 안전 공제 처리 절차

학부모에게 치료비 청구부터 안내하나요? 학교에서 사고 발생 통지부터 하나요?

학부모가 치료비를 청구하기 전에 학교에서 먼저 '학교 안전사고 보상 지원시스템'에 사고 발생 통지를 하여야 한다. 즉 안전사고 발생 시 담임교사(또는 현장 임장교사)가 먼저 사고통지를 한 이후에 학부모가 공제급여를 청구하도록 안내하면 된다.

사고통지는 언제까지 하면 되나요?

지체 없이 통지가 원칙이며, 사고일로부터 7일 이내 통지해야 한다. 기한이 지날 경우 사고 입증 자료, 사유서 등 증빙서류 제출이 필요할 수 있다. 사고통지를 한 이후 치료 종료 여부와 관계없이 3년 안에 청구가 가능하며 청구 횟수는 제한이 없다.

매뉴얼은 어디서 확인할 수 있나요?

교내 담당자에게 정리된 매뉴얼을 요청할 수 있고, '학교 안전사고 보상 지원시스템'에 접속하면 로그인 화면 하단에서 해당 매뉴얼 파일을 다운로드하여 확인할 수 있다.

SMS로 서명받을 수 있나요?

서명 구분에서 '온라인'을 선택해야 학교장에게 SMS 서명 알림이 간다. 학교장 핸드폰 번호 입력 후 'SMS 수신 동의'를 표시해야 한다. 동의하지 않은 경우 학교장 모바일 결재가 불가하여 수기 결재받은 문서 파일을 첨부하여 내부기안을 해야 하므로 꼭 동의 표시를 해야 한다.

사고 등록 및 통보가 되면 결재자(학교장)에게 결재 알림톡이 발송되고, 결재자는 자신의 모바일 알림톡에서 안내하는 링크로 접속 후 결재할 수 있다.

또한 학부모 성함, 핸드폰 번호 기재 및 SMS 수신 동의를 해야 학부모에게도 사고 접수 및 청구 관련 알림이 전송된다.

학부모에게 청구 방법은 어떻게 안내하나요?

학부모 SMS 수신 동의를 한 경우 학교안전공제회 사고 접수 및 공제급여 청구 관련 알림이 발송된다. 교내 안전 공제 담당자에게 학부모용 매뉴얼을 요청하여 전달해도 되고, 학교안전공제회 홈페이지에 탑재된 매뉴얼을 확인하여 전달해도 된다.

보상 범위는 어떻게 되나요?

학교 안전사고 보상제도는 진료비 전액을 보상하는 제도가 아니다. 건강보험이 적용된 급여 항목에서 '본인부담금'은 전액 보상되지만, 비급여 항목 진료비는 심사를 거쳐 보상에서 제외되거나 일부 보상된다.

- 보상에서 제외되는 비급여 진료비 예시
  - 상급 병실료, 식대, 영양주사
  - 인대 강화 주사(프롤로테라피)
  - 도수 치료, 체외충격파 치료
  - 인체 조직 유래 가공 뼈(DBM)

기타 세부적인 보상 범위는 심사를 통해 결정되며, 서울시 학교안전공제회 홈페이지 → 자료실 → 관련 법령정보 → 3번에서 보상 범위를 확인할 수 있다.

사고가 발생한 지 꽤 오랜 시간이 지났는데 사고통지가 가능한가요?

사고 발생일로부터 지체 없이 통지하는 것이 원칙이나, 부득이한 사정으로 사고통지를 하지 못한 경우 사고통지 지연 사유 및 별도의 추가 서류(초진 기록지 등) 확인을 통해 공제회에서 접수 진행한다.

학생이 졸업한 후에도 안전 공제 청구가 가능한가요?

학생이 졸업하더라도 청구권 소멸시효(3년) 내라면 공제회에 청구할 수 있다.

실손보험과 중복 청구가 가능한가요?

학생이 가입한 실손보험과 무관하게 지급 가능하나 실손보험 보상 여부는 해당 보험사에 문의해 봐야 한다. 다만 사고 상대방이 있는 학교 안전사고와 관련하여 상대방의 책임보험사로 보상(배상)받은 경우 중복으로 보상(배상)되지 않는다. (일상생활 배상책임보험 등)

안경이 파손된 경우 구입 비용이나 수리 비용 보상이 가능한가요?

안경을 착용하고 있는 학생의 안경 구입(수리) 비용은 보상이 되지 않는다.

치아가 부러져 치료 예정인데 얼마나 보상되나요?

치아 치료는 「학교안전법」 요양급여 세부 기준에 따라 지급 여부가 결정되어 의료기관에 납부한 금액과 공제회 지급 금액이 상이할 수 있다. 성장기 등의 사유로 치료를 진행할 수 없는 경우에는 향후 치료비 추정서 상 치료 확정 시 심사를 통하여 지급 여부를 결정할 수 있다.

교육 활동 중 학생의 핸드폰이 파손되었는데 보상이 가능한가요?

핸드폰은 학교 안전사고 지급 대상에 해당하지 않는다.

병원 사정에 따라 상급 병실을 이용했는데 보상이 가능한가요?

입원실 부족 등 병원 사정 및 개인 사정에 따라 상급 병실을 이용하는 경우에는 지급 대상이 아니다. 다만 전신 화상자 또는 심한 정신질환자 등이 의사의 소견에 따라 부득이 상급 병실에 입원하였을 경우 심사를 통해 지급 여부를 결정할 수 있다.

한의원 진료 보상이 가능한가요?

한의원 진료의 경우 건강보험이 적용된 급여 항목에 한하여 보상이 가능하다.

학교 운동부(축구부 등) 활동 시 다쳤는데 보상이 가능한가요?

학교 운동부 활동 시 학교안전공제회 지원 범위는 사고 사안에 따른다. 전체적인 원칙은 학교장의 결재를 받은 교육 활동에서 안전사고가 발생한 경우 보상 가능하다.

학교 운동부 보상

보상 여부	활동 내용
가능	• 학교 운동부 훈련 및 대회 참가 중에 발생한 상해 • 학교 운동부 관련 방과 후 수업 참여 과정 중 발생한 상해 • 기타 학교장 승인을 받은 교육활동
불가능	• 훈련 계획 시간 이외에 개인 운동 중에 발생한 상해 • 학교장 승인 없이 훈련 과정에서 발생한 상해

교육 활동 중 학생의 핸드폰, 주차된 차량이 파손되었는데 보상이 가능한가요?

핸드폰, 차량 파손 등에 관한 사항은 학교 안전 공제 지급 대상이 아니지만, 학교안전공제중앙회의 배상책임 공제에 해당할 가능성이 있으므로 해당 사항은 학교안전공제중앙회(☎1688-4900)의 배상책임 공제와 관련하여 문의해 봐야 한다.

학생 등하교, 교직원이 학생 인솔 중 교통사고가 발생한 경우 보상이 가능한가요?

자동차에 의한 사고의 경우 「자동차손해배상 보장법」에 따라 자동차 보험으로 처리하여야 하며, 「학교안전법」 제43조에 의거 공제급여 보상이 제한된다.

교직원 공무수행 중 발생한 사고에 대하여 보상이 가능한가요?

교직원은 「공무원 재해보상법」, 「사립학교교직원 연금법」, 「산업재해보상보험법」에 의하여 공무상 재해를 입은 경우 업무상 재해 제도를 통해 보상받을 수 있다(학교 행정실에 문의). 해당 법의 적용을 모두 받지 못하는 경우 공제회로 문의해 보면 된다.

기타

학교안전공제 보상 범위에 대해 보건실로 문의하는 경우 "공제회 심사에 따라 결정된다"라고 안내하고 있다. 보상 범위는 청구 후 공제회 심사를 통해 결정되므로 구체적인 내용은 해당 시도 안전공제회 문의하면 학교보다 정확하고 빠른 답변을 받을 수 있다.

CHAPTER 09

매번 헷갈리는 업무
_ 나만 그런 게 아니었네요

업무포털 인증서 PC ↔ USB 복사하기

업무포털을 이용하려면 전자서명 인증서가 필요하다. 인증서를 다른 PC에서도 사용하려면 컴퓨터에서 USB로 복사하거나 USB에 있는 인증서를 해당 PC로 옮기는 작업이 필요하다.

① 업무포털 로그인 전 [전자서명인증센터]에 접속

② 메인 화면에서 [인증서발급/관리] → [관리기능] → [인증서 백업] → 바로가기 → [인증서 복사] 메뉴를 차례로 클릭

③ 인증서를 옮길 저장 매체(USB, 하드디스크 등)를 선택 후 [확인] 버튼 클릭

④ 이후 인증서 비밀번호를 입력하고 '인증서 복사 완료' 메시지가 뜨면

정상적으로 이동 완료

⑤ 창을 닫은 후에 복사한 인증서가 있는 매체를 이용하여 업무포털에
　 로그인

업무포털 인증서 갱신하기

업무포털에 로그인할 때 사용하는 교육부 개인용 인증서는 유효 기간
이 만료되기 전에 반드시 갱신해야 한다.

만료된 인증서로 로그인할 수 없으므로 만료 예정 안내가 뜨면 바로 갱
신을 진행한다.

① 업무포털 로그인 전 [전자서명인증센터] 접속
② 메인 화면에서 [인증서발급/관리] → [갱신] → [인증서갱신] 메뉴 차
　 례로 클릭
③ 화면에 표시된 인증서 목록 중 갱신이 필요한 인증서(교육부 개인용
　 인증서) 선택
④ 선택 후에 인증서 암호를 입력하고 [확인]을 누르면 갱신 절차가 진행
⑤ 인증서를 재발급/갱신한 경우 업무포털에서 '인증서 변경' 절차를 수행
⑥ 업무포털 로그인 화면에서 하단의 [인증서 변경] 버튼 클릭
⑦ 화면이 전환되면 본인의 아이디 조회
⑧ 목록에서 새로 갱신한 인증서 선택
⑨ [확인] 버튼을 누르면 인증서 변경 완료

개인 실손보험 증빙서류 발급 방법

개인 의료비 보장 보험이 있는 경우 단체 의료비 보장 보험 가입 면제가 가능하다. 이때 의료비 보장 보험 가입 면제 관련 증빙서류를 행정실에 제출해야 한다. 증빙서류를 제출하는 방법은 2가지 있다.

- 개인별 가입 보험증권의 사본을 팩스로 받아 제출한다. 보험회사에 전화하여 증권을 행정실 팩스 번호로 보내달라고 요청하면 된다.
- 개인별 실손의료보험내역 출력물을 제출한다. '본인신용정보 열람 서비스(https://www.credit4u.or.kr:2443/)'에서 본인 실비 보험 조회·출력할 수 있다. 로그인이 필요하며, [보험신용정보] → [실손형보장] → [실손계약정보] → 해당 보험 클릭 → [실손형보장 상세내역 발급] 클릭 → 출력한다.

2025년 한국 심폐소생술 가이드라인

기도폐쇄 응급처치 방법으로 흔히 하임리히법, 즉 복부 밀어내기(복부 압박)부터 시행해야한다고 알고 있지만, 최신 심폐소생술 가이드라인에서는 등 두드리기를 우선 시행하도록 권고하고 있다.

2015년 심폐소생술 가이드라인에서는 이물에 의한 기도폐쇄 환자에게 복부 밀어내기를 권고하였으나, 2020년 가이드라인에서는 이물에 의한 기도폐쇄가 발생한 환자가 기침을 효과적으로 하지 못하면 먼저 등 두드리기를 시행하고, 등 두드리기가 효과적이지 않으면 복부 밀어내기를 시행하도록 권고하고 있다.

　이러한 개정의 이유는 복부 밀어내기가 등 두드리기보다 이물 제거에 효과적이라는 증거가 부족하며, 반복적인 복부 밀어내기는 내장 손상을 일으킬 위험이 있기 때문이다.

　개정된 2025년 한국 심폐소생술 가이드라인에서도 이물에 의한 심한 기도폐쇄 환자에게 등 두드리기 5회를 우선적으로 권고하고, 등 두드리기가 효과적이지 못할 때 5회의 복부 밀어내기를 사용할 것을 권고한 2020년 기본소생술 가이드라인을 그대로 유지하고 있다.

　기도폐쇄 응급처치법은 아래와 같다.

- 기침을 크게 하고 있다면 자발적인 기침과 호흡을 위한 노력을 방해하지 않는다.

- 효과적으로 기침하지 못하는 경우에는 즉시 등 두드리기를 실행한다.

- 등두드리기를 5회 연속 시행한 후에도 효과가 없다면 5회의 복부 밀어내기(하임리히법)를 시행한다.

- 기도폐쇄의 징후가 해소되거나 환자가 의식을 잃기 전까지 계속 등 두드리기와 복부 밀어내기를 5회씩 반복한다.

- 성인 환자가 의식을 잃으면 구조자는 환자를 바닥에 눕히고 심폐소생술을 시행한다.

- 임산부나 고도 비만 환자의 경우에는 등 두드리기를 시행한 후 이물이 제거되지 않으면, 복부 밀어내기 대신 가슴 밀어내기(chest thrust)를 시행한다.

(※ 2025년 한국 심폐소생술 가이드라인 p.56, 86~87 참고)

의료인 보수교육과 필수교육

보건교사는 면허 유지 및 의료 전문성 향상을 위해서 매년 8시간의 의료인 보수교육을 이수하여야 하고, 3년마다 면허 신고를 해야 하며, 면허 신고 연도에 필수과목 2시간을 이수하여야 한다.

보수교육은 해당연도 12월까지 이수하여야 하며, 오프라인 또는 대한간호협회 KNA 에듀센터에서 온라인 연수로 이수할 수 있다. 온라인 이수의 경우 교육 시간이 8시간인지, 4시간인지, 필수교육 포함인지 확인 후 신청해야 한다.

필수교육은 면허 신고 시마다(3년마다) 2시간 이상 이수해야 한다. 필수교육은 보수교육 이수 시간으로 인정되지 않고, 필수교육 이수로만 인정된다.

온라인 교육과정 중 '필수과목 포함'이 표기된 보수교육이 있다. 필수과목이 포함된 보수교육으로, 필수과목과 보수교육을 한 번에 이수할 수 있다. 즉 [필수과목 포함]이 표기된 8시간 강의를 이수하면 필수과목 2시간도 이수한 것으로 인정된다. 필수교육 2시간은 무료이므로 8시간 보수교육 듣고 따로 2시간 이수해도 된다.

보수교육 비용은 대한간호협회 회비 납부 여부에 따라 미등록 회원, 등록 회원으로 나뉘고, 교육 비용이 다르다. 8시간 기준으로 등록 회원은 교육비가 4만 원이라면 미등록 회원은 108,000원이다. 보수교육은 의료비 면허 유지를 위한 법적 교육으로, 학교 운영비에서 예산 편성하여 지원받을 수 있다. 매년 교육청 공문이 발송되므로 예산이 없는 경우에는 해당 공문을 참고하여 예산을 편성한 뒤 교육비 지원을 받으면 된다.

에듀파인에서 교육비 품의 결재가 완료되면 홈페이지에서 학교 카드로 결제한다. 보수교육비 인상 가능성을 고려해 예산은 여유 있게 편성한다.

면허 신고는 KNA 면허신고센터에서 실시한다. [면허신고] → [면허신고신청] 버튼을 누르면 면허 신고 해당자인지 알림창이 활성화되므로 참고하면 된다. 또는 [면허신고제소개] → [면허신고 주기 및 내용] → [면허발급일자]로 검색하면 알 수 있다.

국가건강검진 결과 재발급

학교나 기관에서 건강검진 결과지 또는 실시확인서 제출을 요청하는 경우가 있다. 이때 병원이나 검진센터를 직접 방문하지 않아도 국민건강보험공단 홈페이지를 통해 간편하게 온라인 재발급이 가능하다.

① 국민건강보험 홈페이지(https://www.nhis.or.kr/nhis/index.do)에 접속한 후에 간편인증(카카오, 네이버 등) 또는 공동·금융인증서를 이용해 로그인
② 로그인 후 상단 메뉴에서 [건강모아] → [나의 건강관리] → [국가건강검진정보] 순으로 접속
③ [건강검진 결과 조회 및 발급] → 검진 결과 목록 조회 후 검진 결과 클릭 → 출력 및 저장
④ 검진 결과 실시확인서만 필요한 경우에는 [건강모아] → [나의 건강관리] → [국가건강검진정보] → [건강검진 실시확인서] 메뉴로 이동 → 확인서 조회 및 출력 가능

에듀파인 _ 자주 사용하는 결재선 저장

기안이나 품의를 올릴 때 매번 결재선을 지정하기 번거로울 수 있다.
자주 사용하는 결재선을 등록해 놓으면 업무 효율이 올라갈 수 있다.
방법은 다음과 같다.

① [업무관리 → 문서관리 → 공용서식 → 일반기안문 서식] → '문서관
리카드기안'에서 [결재경로지정] 버튼 클릭
② 결재선에 해당하는 담당자(행정실장, 교감, 교장)를 상단 박스에서 더
블 클릭(혹은 클릭 후 하단 화살표 클릭)하고, 처리 방법을 선택(결재, 검
토, 협조 등)한다. (품의 결재선: 보건교사(기안) → 행정실장(협조) → 교감
(검토) → 교장(결재)로 설정)
③ [나의결재선]에서 [현재 결재선] 부분을 클릭하면 커서가 생기며, 빈
칸에 결재선 이름 입력('품의'라고 현재 결재선에 입력) → '저장' 버튼
④ 설정 후 품의할 때 문서관리카드 → [나의 결재선]에서 해당 결재선
을 선택하면 자동으로 결재라인이 입력된다.

에듀파인 _ 문서 담당자 변경하기(결재경로 수정)

문서 담당자가 잘못 지정되거나 결재 경로를 변경해야하는 상황이 종
종 발생한다. 이럴 때 '재지정요청' 기능을 사용할 수도 있지만, 이미 결재
경로가 설정된 문서라면 문서 내에서 직접 담당자를 변경하는 것이 훨씬
빠르고 간단하다.

수정 방법은 다음과 같다.

① 담당자를 변경하려는 문서를 선택한 후에 '문서관리카드결재' 화면을 열고, [결재경로] 영역에서 [결재경로지정] 클릭
② 우측 상단 박스에서 업무 담당자로 지정할 사람의 이름을 검색 또는 조직도에서 찾아 더블클릭
③ 하단 결재경로 목록 우측 [업무역할]에서 본인은 '업무관리자'로 변경하고, 조직도에서 추가한 업무를 담당할 사람을 '업무담당자'로 지정
④ 변경이 완료되면 [확인] 버튼을 눌러 '저장'
⑤ 상단의 [문서처리] 버튼을 눌러 변경 사항을 반영

※ 공문이 잘못 지정된 것이 명확한 경우에는 다른 사람에게 한 차례 지정되었다가 다시 넘어온 흔적 없이 공문을 깔끔하게 전달할 수 있는 방법이 있다.
본인 이름을 선택한 뒤 화살표를 눌러 삭제하고, 공문 담당자로 지정할 사람을 추가하여 '업무담당자'로 설정하면 된다. 다만 이 방법을 사용할 때에는 반드시 교감선생님과 업무분장에 대해 사전에 명확히 확인한 후 진행해야 한다. 이 과정을 거치면 별도의 재지정 요청 절차 없이 문서의 담당자를 변경할 수 있다.

에듀파인 _ 결재요청 후 품의 수정이 필요할 때

에듀파인에서 품의를 작성하고 [결재요청] 버튼까지 눌렀는데 품의 내용에서 일부 수정해야 하는 경우가 종종 생긴다. 예를 들어 품목 수량이나 금액을 잘못 입력했거나, 사업명 또는 세부 내용을 수정해야 하는 상황

이 그렇다.

하지만 [결재요청] 버튼을 누르고 나면 해당 품의서는 비활성화되어 내용 수정을 할 수가 없다. 새로 품의서를 처음부터 다시 작성해야 한다면 이는 상당히 번거롭고 비효율적이다.

'재정기안에서 반송하기' 기능을 활용하면 기존 품의 내용을 그대로 살려 수정할 수 있어 처음부터 다시 작성하지 않아도 된다.

수정 방법은 다음과 같다.

① 에듀파인 상단 메뉴에서 [업무관리] → [문서관리] → [재정기안]으로 들어산다.

② 수정이 필요한 품의서의 체크박스를 선택한다.

③ 상단 메뉴에서 [반송] 버튼을 클릭한다.

④ 반송사유(품목 수정 필요, 금액 수정 등)를 간단히 '반송의견'란에 작성하고 [확인] 버튼을 누른다.

⑤ 이후 [학교회계] → [사업관리] → [품의목록]으로 이동하면 결재 요청했던 품의가 다시 활성화된 상태로 나타난다.

⑥ 해당 품의 제목을 클릭하면 기존 작성 내용이 그대로 남아 있으므로 필요한 부분만 수정 후 다시 결재요청하면 된다.

품의 금액 부족할 때 스마일캐시(지마켓)

품의 결재 완료 후 가격 변동이나 예산 부족으로 인해 품의 금액을 초과하는 경우가 발생할 수 있다. 이때 지마켓 주문결제 창의 '할인 및 스마일캐시·머니 사용'란에서 스마일캐시를 활용하면 부족한 금액을 충당할 수 있다. 스마일캐시는 물품 구매 시 적립되는 포인트로, 결제 시 현금처럼 사용할 수 있다.

결제 후에는 결제정보 화면에서 결제 방식(카드 ○○원 / 스마일캐시 ○○원)이 정확히 반영되었는지 확인한 뒤, 해당 화면을 캡처하여 행정실에 제출하면 된다.

다만 영수증에는 스마일캐시 사용 여부가 표시되지 않고 총 결제 금액만 표기되므로 행정실에서 카드 초과 결제로 오해할 수 있다. 따라서 스마일캐시를 사용했을 경우에는 행정실에 구두나 메시지로 알려야 한다.

또한 품의 전에 스마일캐시 사용이 예정되어 있다면 품의서에 사용할 스마일캐시 금액을 미리 명시한다.

전보(이동) 준비

대부분 교사는 약 5년마다 학교를 이동하게 된다. 이 시기는 새로운 출발을 준비함과 동시에 그동안의 업무 흔적과 자료들을 정리해야 하는 중요한 시기이기도 하다.

❶ 개인정보 및 컴퓨터 파일 정리

- 인터넷 즐겨찾기로 자주 사용하는 사이트 목록 메모(구글 스프레드시트나 패들렛을 활용하면 다음 학교에서 즐겨찾기로 옮기기 쉽다)
- 다음 후임이 참고할 수 있는 문서(계획서, 결재 문서 등)는 폴더별로 정리
- 개인정보 삭제: 자동 로그인 계정, 검색 기록, 다운로드 파일 등 개인

정보가 있는 내용 모두 삭제

- USB·외장하드 관리: 개인 저장장치는 회수하고, 필요한 자료는 별도 백업 후 저장
- 교내 안내 메시지 정리: 매년 메신저를 통해 발송하는 교직원 안내 메시지는 따로 정리(그동안 작성했던 안내 메시지를 파일이나 문서로 모아 두면 다음 학교로 이동했을 때 처음부터 새로 작성하지 않아도 되고, 내용만 약간 수정해 손쉽게 활용할 수 있다)

❷ 약물 및 물품 정리

- 약품 및 비품 대장이 있다면 재고 수량, 사용 기한 등 최신화하여 정리
- 사용 기한이 지난 약품, 사용하지 않는 물품 등 폐기
- 혈압계, 체온계, 펄스옥시미터 등 보건 기기 점검

❸ 인수인계 사항 정리

- 각종 계정 및 비밀번호
  - 보건실, 보건교육실, 컴퓨터 비밀번호
  - 자동심장충격기 관리 아이디와 비밀번호, 패드 또는 배터리 유효기간 등
- 보관 장소: 약품장 열쇠, 물품 보관 장소
- 보건수업 학년과 차시
- 업무분장: 올해 업무분장과 주요 담당 업무 안내
- 연간 계약 및 정기 위탁 업무
  - 학생 성교육, 학생 건강검진, 교직원 심폐소생술 등 매년 계약이 필요한 업무 일정과 업체 정보
  - 보건실 침구 세탁 맡기는 세탁소

- 업무 일정 : 학생 소변검사, 교직원 심폐소생술 연수 등 사전에 확정
  된 연간 일정

- 예산 편성 내역 : 학교별로 보건 업무에 필요한 예산 항목은 달라질
  수 있다.

❹ 개인 물품 및 환경 정리

- 개인 하드디스크, USB 회수

- 컴퓨터 주변, 서랍, 캐비닛, 창고 등 확인하여 개인 소지품, 개인용
  컵·문구류, 장식품 등 정리

- 폐휴지 및 재활용 물품 정리, 불필요한 문서 파쇄, 보건실 주변 청소

보건교사라면 꼭 알아야 할 사이트 모음

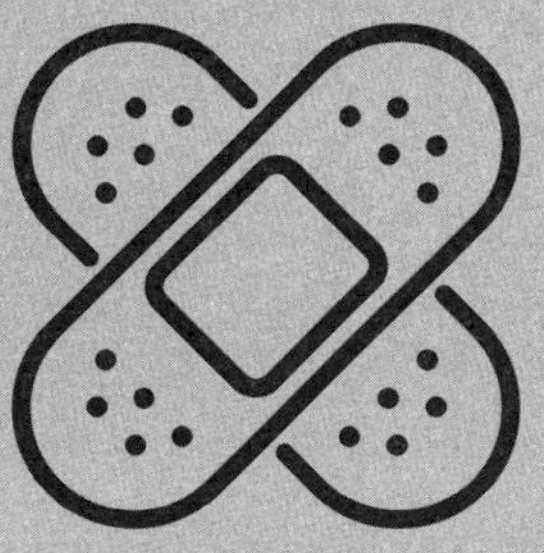

학교알리미 (정보공시 확인)		캔바 (웹 기반 그래픽 툴)	
서울특별시교육청 원격업무지원시스템		미리캔버스 (웹 기반 그래픽 툴)	
국민건강보험 홈페이지 (검진기관/ 병(의)원 찾기)		패들렛 TA (수업생성기)	
예방교육통합 관리시스템		무작위 자리 뽑기	
혁신24 (범정부오피스)		질병관리청 결핵ZERO	

윗지 게임형 학습도구 (각종 퀴즈)		KOICD 질병분류 정보센터 (질병코드 확인)	
워드 클라우드 (단어 구름)		서울특별시 학교안전공제회	
KERIS 교육저작권지원센터 (무료 폰트)		본인 신용정보 열람 서비스	
눈누 (무료 폰트)		국민건강보험 (국가건강검진 결과 재발급)	
공공누리 (무료 폰트)			

글쓰기가 인생의
한 부분이 되는 순간

예전부터 막연하게 '언젠가 나도 책을 써보고 싶다'라는 생각이 있었다. 하지만 늘 생각에만 머물러 있었고, 떠오르는 생각을 메모만 해놓으며 행동으로 옮기지 못한 채 시간이 흘렀다.

그러던 중 우연히 밀알샘 김진수 선생님의 '책캉스 프로젝트'를 알게 되었다. 그것도 마감 하루 전이었다. 망설일 틈도 없이 마치 홀린 듯 신청 버튼을 눌렀다. 글쓰기 주제는 정했지만 막상 글을 쓰려니 막막했다. 과연 내가 어떤 글을 남길 수 있을까, 어디서부터 써야 할까 막연한 마음이 들었다.

그러다 예전에 블로그에 기록해 두었던 글들이 떠올랐다. 업무나 수업 중 겪었던 시행착오, 보건실 운영과 관련된 경험 그리고 보건수업에서의 고민과 실천들을 꾸준히 정리해 두었던 기록들이 있었다.

매 순간이 쉽지 않았던 그 고민의 흔적들이 글로 남아 있었다. 그 당시

엔 단순한 기록이었지만 지금의 나에게는 든든한 가이드가 되어 주고 있고, 그때의 생각들이 지금의 글로 이어졌다.

그 덕분에 하나의 경험이 또 다른 아이디어를 떠올리게 하고, 한 문장을 쓰다 보면 또 다른 주제가 자연스럽게 떠올랐다. 무엇보다 기록을 글로 옮기는 과정에서 업무를 더 깊이 이해하게 되었다.

처음 글을 쓰면서 '글'이라는 것에 대해 나 스스로 새롭게 생각하게 되었다. 글을 쓴다는 것은 단순한 기록이 아니라 온전히 나를 위한 시간이다. 흰 자 한 사 눌러 입력하는 순간, 세상의 속도가 잠시 멈추고 오직 그 시간만이 존재한다.

빠르게 흘러가는 일상 속에서 글을 쓰는 일은 마음을 가라앉히고, 급하지 않게 천천히 살아가도록 이끌어 준다. 글을 쓰는 과정에서 나의 일에 대한 애정도 더 깊어진다. 때로는 기록하며 위로를 받고, 때로는 다시 배워가며 성장한다.

이 글들은 단순한 업무의 기록이 아니라 내 인생의 많은 부분으로 자리할 보건교사로 사는 삶의 기록이다. 어떤 것이든 글쓰기의 소재가 될 수 있다고 한다. 그 말처럼 나는 요즘 주변의 모든 것이 새롭게 다가온다.

마음에 깊이 남았던 부모님과 형제들의 한마디, 아침 새벽을 밝히는 자동차 불빛과 푸르스름하게 물든 하늘과 같이 그동안 그냥 지나쳤던 일상

들을 다시 보게 된다. 당연했던 풍경 속에서도 기록하고 싶은 순간들이 생긴다.

책을 쓰기 시작하면서 나는 일상의 소중함을 더욱 깊이 느낀다. 그저 스쳐 지나가던 하루가 아니라, 글로 남기고 싶은 오늘이 되었다.